KB194495

———————————— 님의 소중한 미래를 위해

이 책을 드립니다.

한국형
모멘텀 투자
실전 매매법

한국 주식시장에서 돈 벌려면
모멘텀 투자가 답이다!

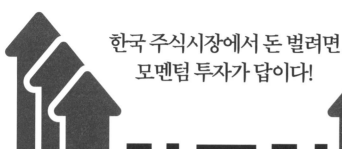

한국형
모멘텀 투자
실전 매매법

이가근 지음

메이트북스 우리는 책이 독자를 위한 것임을 잊지 않는다.
우리는 독자의 꿈을 사랑하고,
그 꿈이 실현될 수 있는 도구를 세상에 내놓는다.

한국형 모멘텀 투자 실전 매매법

초판 1쇄 발행 2025년 6월 1일 | **지은이** 이가근
펴낸곳 (주)원앤원콘텐츠그룹 | **펴낸이** 강현규·정영훈
등록번호 제301-2006-001호 | **등록일자** 2013년 5월 24일
주소 04607 서울시 중구 다산로 139 랜더스빌딩 5층 | **전화** (02)2234-7117
팩스 (02)2234-1086 | **홈페이지** matebooks.co.kr | **이메일** khg0109@hanmail.net
값 24,000원 | **ISBN** 979-11-6002-944-4 (03320)

가장 강한 상승을 보이는 종목은
보통 신저가가 아니라 신고가를 돌파한 종목이다.

• 윌리엄 오닐(미국의 투자자) •

자신만의 완성된
투자 기법을 가져야 성공합니다!

　2025년 이후 증시는 트럼프발 관세전쟁의 본격화와 17개월간 중단되었던 공매도의 재개 등 굵직한 이슈들로 인해 어려움이 클 것으로 예상됩니다. 그러나 이러한 악재 속에서도 반전의 가능성은 존재합니다. 트럼프의 관세전쟁은 단기적인 충격을 유발할 수 있지만, 이에 대한 반대급부로 인한 모멘텀*이 형성되며 일부 산업에는 새로운 기회가 될 수 있습니다.

　또한 공매도의 재개는 무분별한 주가 상승을 억제하는 긍정적인 역할을 할 수 있지만, 모멘텀이 발생한 종목에서는 공매도 투자자들이 손실을 줄이기 위해 해당 주식을 급히 매수하는 숏스퀴즈* 현상이 나타날 수 있습니

> *** 모멘텀:** 사전적 의미로는 주가가 상승하고 있을 때 얼마나 더 상승할 것인지, 또는 주가가 하락하고 있을 때 얼마나 더 하락할 것인지를 나타내는 지표. 주식시장에서는 흔히 '호재(주가가 상승할 만한 긍정적인 뉴스)'의 다른 표현으로 사용됨

다. 이러한 일련의 현상은 해당 기업 주가의 급등을 유발해 새로운 투자 기회로 작용할 수 있을 것이라 생각합니다. 이러한 생각은 이 책을 쓰게 된 동기가 되기도 했습니다.

애널리스트로 10년, 트레이더로 10년, 어느덧 주식을 업으로 삼은 지도 20년이 되었습니다. 20년이 지난 지금도 주식투자의 정답이 무엇인지 확신할 수는 없습니다. 94세의 워런 버핏조차 여전히 주식투자를 어렵게 여긴다고 하니, 당연한 일인지도 모릅니다. 다만 워런 버핏은 수십 년 전부터 자신만의 수익 창출 노하우를 터득한 것으로 보입니다.

이 책은 주식시장에서 수익을 내는 정답을 제시하지 않습니다. 하지만 적어도 개인투자자들이 자신만의 해답을 찾는 데 도움이 될 만한 내용을 담고자 했습니다.

지난 20년간 제가 주식시장에 몸담으며 깨달은 중요한 사실 중하나는 '역사는 반복된다'는 점입니다. 물론 완전히 똑같은 상황이재현되지는 않지만, 유사한 현상이 반복될 때 시장은 비슷한 패턴으로 움직입니다. 문제는 우리가 이러한 패턴을 정확히 기억하지 못하고 흐릿하게 떠올린다는 점입니다. 그러나 역사를 분명히 기억한다면, 변동성 속에서도 심리적인 불안감을 줄이고 수익률을 지켜낼 수 있습니다.

개인투자자가 미래 산업을 예측하고 분석해서 기관투자자나 외국인 투자자와 맞서 싸우기는 어렵습니다. 그러나 과거를 기억하는 일은 기관투자자나 외국인 투자자들과 비교했을 때 개인투자자에게도 공평하게 주어진 기회입니다. 과거의 흐름을 정확히 기억하고 이를 현재 상황에 투영할 수 있다면, 그것만으로도 성공적인 투자자가 될 수 있습니다.

항상 계좌에 주식을 가득 채울 필요는 없습니다. 오히려 올바른 해석을 바탕으로 투자의 방향성을 설정하고 기회를 기다리는 것이 중요합니다. 이렇게 접근한다면, 대내외적으로 어떤 악재가 닥쳐도 지속 가능한 수익을 창출할 수 있을 것입니다.

독자들 중에는 이 책에서 다루는 가장 최근의 모멘텀 투자 사례들을 이미 접하거나 직접 매매한 투자자도 있을 것입니다. 하지만 그 매매의 순간을 정확히 기억하고 있습니까? 혹시 그때 투자하지 못했다면 그 이유를 곰곰이 생각해본 적이 있습니까? 이런 질문들을 스스로에게 던져보기 바랍니다.

익숙한 사례일지라도, 이번 기회를 통해 다시 한번 깊이 들여다보길 바랍니다. 그리고 다음에 같은 현상이 반복될 때 그 기회를 놓치지 않기를 희망합니다. 얼마나 정확하고 디테일하게 기억하고 있는

지는, 결국 얼마나 큰 확신을 가지고 자금을 투자할 수 있는지와 직결됩니다.

이 책에서 다루는 내용을 반복적으로 곱씹고, 실제 시장에서 나타나는 새로운 현상들과 비교하며 자신의 노하우로 체화한다면, 머지않아 자신만의 완성된 투자 기법을 만들어낼 수 있을 것이라 확신합니다.

이가근

차례

역사는 반복된다!
모멘텀 투자 실증사례 분석

PART 3

길게 끌고 가라! 모멘텀 투자의 매도시점 찾기

PART 4 위험하지만 매력적이다! 상한가 따라잡기의 전략

PART 5 기업과 친해져라! 애널리스트처럼 접근하는 법

MOMENTUM
INVESTMENT

가치투자는 끝났다!
이제 모멘텀 투자의 시대

MOMENTUM

워런 버핏은 주식시장에서 가장 상징적인 인물이며, '가치투자'라는 단어와 밀접한 연관이 있습니다. 한때 한국 주식시장에서도 가치투자라는 단어가 자주 등장했고, 이를 추종하는 펀드도 많이 출시되었습니다. 하지만 현재 한국 주식시장에서 가치투자라는 말은 거의 사라졌고, 많은 가치투자 펀드들도 자취를 감춘 상태입니다.

주식시장의 유동성 부족과 매력적인 대체 투자처인 미국 주식시장의 등장으로 인해 한국 주식시장에서 가치투자는 사실상 사라진 것처럼 보입니다. 거래 시간의 제약이 있긴 하지만 미국 주식시장에는 진정한 '가치주'가 많이 존재합니다. 분기 배당을 넘어 월별 배당을 하는 등 주주 친화적인 기업들이 넘쳐납니다. 좁은 한국 주식시장에서 가치투자를 하며 어려움을 겪을 필요가 없다는 인식이 확산되면서 한국 주식시장에서의 가치투자는 방향성을 완전히 잃은 것으로 보입니다.

따라서 이 책에서는 '모멘텀 투자'를 강력하게 제안합니다. 단순히 저평가된 주식을 매수 후 보유하는 소극적인 투자가 아닌, 새로운 정보가 등장하면 적극적으로 해석해 공격적인 투자를 실행하는 모멘텀 투자가 국내 시장에 가장 적합한 투자법이라고 판단됩니다.

물론 모멘텀 투자는 가치투자 대비 상당히 공격적인 방식이기 때문에 사전에 충분한 공부와 숙지가 필요합니다. 그리고 개인투자자의 2가지 노력이 수반될 때 높은 수익률이 돌아올 수 있습니다. 첫째로 과거의 매매를 구체적으로 기록하기 위해 노력해야 하고, 둘째로 시장의 시각과 자신의 시각을 일치시키기 위해 노력해야 합니다. 이러한 노력과 연습이 충분히 이루어졌을 때 대량 거래를 수반하는 대형 호재를 추종하는 매매인 모멘텀 투자가 현재 대한민국 주식시장에서 높은 수익률을 기록할 수 있을 것이라 생각합니다.

현재 한국 주식시장의 가장 큰 특징인 '쏠림 현상'은 이러한 모멘텀 투자의 수익률을 극대화시켜줍니다. 시장의 유동성이 풍부하지 않기 때문에 호재가 있는 섹터에 매수세가 집중되고, 이러한 쏠림 현상으로 인해 소외된 섹터의 투자자들도 매수세를 따라 나서기 시작했습니다. 더불어 ETF 시장의 급팽창으로 인해서 섹터 쏠림의 현상은 더욱 심화되면서 한국 주식시장은 '가는 놈만 가는' 시장이 되었습니다. 즉 지금은 분명한 '모멘텀 투자의 시대'입니다. 이 책의 2부에서 다룰 모멘텀 투자 사례를 기반으로 충분히 숙지해서 새롭게 나올 모멘텀들에 적극적으로 대응할 수 있도록 반복적으로 학습하길 추천하는 바입니다.

- 가치투자형 투자 방식의 수익률이 최근 들어 낮아진 이유
- 이제는 투자 방식을 완전히 바꿔야 한다
- 최근의 모멘텀 투자 실제 사례를 잘 학습해서 기억해두자

CHAPTER 1

가치투자에서 모멘텀 투자로 이동이 완료되다

가치투자형 투자 방식의 수익률이
최근 들어 낮아진 이유

주식투자를 시작하면서 가장 먼저 듣게 되는 말 중 하나가 '가치투자'입니다. "시장에 휘둘리지 말고 가치투자를 해야 성공할 수 있습니다." "워런 버핏처럼 가치투자를 해야 성공합니다" 등등 각종 매체에서 가치투자가 자주 언급됩니다.

가치투자란 어떤 투자일까요? 진짜 가치* 대비 현재의 주가가 저평가되어 있는 주식을 발굴해서 매수하고, 저평가 상태에서 고평가 상태로 주가가 상승하면 매도해서 수익을 창출하는 방식을 가치투자라고 요약할 수 있습니다.

그런데 과연 대한민국 증시에서 이것이 가능할까요? 결론부터 말하자면, 예전엔 맞고 지금은 틀립니다.

2000년 중반 이후 대한민국 주식시장에서도 가치투자의 시대가 열렸었습니다. 흙 속의 진주 같은 주식을 발굴해서 'Buy&Hold(매수 후 보유)' 전략으로 수익을 극대화하는 전략을 가진 펀드들이 꽤 많이 출시되었습니다.

> * **진짜 가치:** 기업이 실제로 가지고 있는 내재가치를 의미함. 단순히 순자산 개념의 가치라기보다는 기업이 실제로 얼마나 이익을 창출하는지, 앞으로도 계속해서 이익을 창출할 수 있는지, 재무는 안정적인지, 미래 성장성은 어떤지 등을 종합적으로 감안해서 외적인 요소를 모두 배재한 기업이 실제로 가지고 있는 기업의 가치를 말함

수익률도 시장의 기대만큼 꾸준하게 우상향하며 펀드시장에서 돌풍을 일으키고, 대한민국 주식시장에서 가치투자의 문화를 만들어 나가기 시작했습니다.

하지만 20년이 지난 지금은 어떨까요? 그 많던 가치투자 펀드들은 왜 이리 듣도 보도 못했던 것처럼 아득한 이야기가 되었을까요?

다음에 나오는 표는 대한민국의 대표적인 가치투자 펀드 중 하나인 펀드의 연평균 수익률입니다. 대략 설정된 지 20년이 된 펀드인데 20여 년간 연평균 5% 수익률을 달성했고, 누적으로 대략 200%에 조금 못 미치는 수익률을 기록중입니다. 수익률을 보는 관점에 따라서 높은 성과일 수도 있고, 낮은 성과일 수도 있겠습니다. 문제는 성과가 아닙니다.

〔자료 1-1〕 국내 대표 가치투자 펀드의 연평균 수익률 근황

	최근 1년	최근 2년	최근 3년	최근 5년	설정일 이후
가치투자 펀드	-7.98%	0.50%	-3.43%	3.98%	5.00%
비교지수 KOSPI 90%+CD91 10%	-2.70%	1.58%	-5.73%	3.22%	3.37%

* 2024년 12월초 기준, 설정으로부터 약 20년 된 펀드

[자료 1-1]에서 보듯 최근 5년간의 연평균 수익률은 3.98%이며, 최근 3년은 -3.4%입니다. 만일 이 펀드를 최근 5년을 제외하고 수익률을 산정했다면 연평균 수익률은 나타난 5%보다 높아졌을 것입니다. 즉 요약하자면 '최근 5년간의 가치투자형 펀드의 수익률이 매우 저조하다'는 뜻입니다.

그렇다면 왜 최근 3년, 5년 사이에 가치투자형 투자 방식의 수익률이 낮아졌을까요? 여러 가지 이유가 있겠지만 필자가 보는 이유는 다음과 같습니다.

첫째, 유동성*의 부족입니다. 시장 전체의 거래대금의 감소를 말하는 것이 아닙니다. 가치투자에 대한 매수세가 매우 부족해졌습니다. 일례로 2022년 9월 말 기준 삼성전자의 소액주주 숫자는 602만 명이었습니다.

하지만 2023년에는 566만 명으로

> * **유동성:** 주식시장에서는 흔히 '거래량'을 '유동성'으로 받아들임. 주식시장 전체적으로는 거래대금과도 연관이 있음. 거래가 활발하게 이루어질 때 정당한 가격이 형성될 수 있기 때문에 풍부한 거래량은 주식시장에서는 매우 중요함

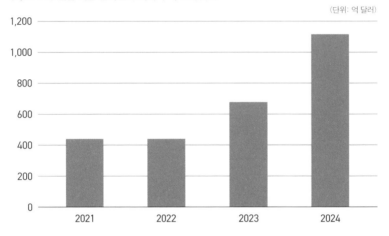

(단위: 억 달러)

감소했고, 2024년 6월 말 기준으로는 424만 명까지 감소해서 2년도 안 되는 기간에 소액주주의 숫자가 30% 감소했습니다.

이 숫자가 단순히 코스닥의 어느 조그마한 소형주 이야기가 아니라는 점에 주목해야 합니다. 대한민국 대표 주식인 삼성전자에서 이 정도의 투자자 이탈이 나온 상황이라면 흔히 우리가 말하는 저유동성에 가까운 '가치투자주'들은 어떨까요? 매우 심각한 상황일 것입니다.

둘째, 미국 주식의 등장입니다. 무배당 또는 저배당 성향은 기본이고, 툭하면 대주주 위주의 자금조달 등 소액주주보단 대주주 위주의 기업 전략 등으로 인해 대한민국 주식에 염증을 낸 투자자들이 점점 많아진 시기에 '미국 주식'은 아주 좋은 대안처가 되었습니다.

군이 한국 시장에서 흙 속의 진주를 찾을 필요가 없어진 것입니다. 미국 주식시장에 가보니 군이 흙을 안 파도 진주, 루비, 다이아몬드 등이 도처에 널려 있습니다. 심지어 배당도 매월 주는 기업도 많고, 분기나 반기마다 기대 이상의 배당금이 꼬박꼬박 입금됩니다.

초기에 미국 주식으로 높은 수익률을 얻은 우리나라의 개인투자자들의 성과가 입소문을 타기 시작했고, 이에 더해 국내 증권사들이 각종 인프라 투자를 대폭 확대해 누구나 미국 주식에 손쉽게 입문할 수 있는 환경이 만들어졌습니다. 이것이 지금 대한민국 주식시장에서 더 이상 가치투자와 같은 방식이 통하지 않게 된 근본적인 이유라고 할 수 있습니다.

 ## 이제는 투자 방식을 완전히 바꿔야 한다

지난 2020년 코로나19 시기를 지나면서 '동학개미운동'이라는 단어가 등장할 정도로 개인투자자들의 주식투자 열기는 대단했습니다. 하지만 그 열기는 1년도 채 지속되지 못했습니다. 기업들의 박한 소액주주에 대한 정책, 기관투자자와의 정보의 비대칭성에 의한 '기울

어진 운동장' 등을 겪어본 개인투자자들이 빠르게 미국 시장으로 이동해간 것입니다.

개인투자자들의 활발한 미국 주식 투자, 이 같은 시류가 언제 다시 바뀔지는 아무도 모릅니다. 기업과 정부의 상당한 노력이 들어가도 쉽지 않은 상황입니다. 그러나 우리가 최근에 겪어본 정부 주도형 '밸류업'* 정책의 사례를 짚어봤을 때, 돌아오긴 쉽지 않아 보입니다.

> * **밸류업**: Value-up. 다양한 이유로 가려져 있는 기업의 숨겨진 가치를 투자자들에게 알려서 기업의 가치가 상승할 수 있는 모든 행위를 총칭함. 2024년부터 한국거래소와 정부를 중심으로 코리아 디스카운트를 극복하기 위한 방안으로 밸류업 정책이라는 것을 독려하며 주주친화 경영과 투명성 강화 등을 중심으로 각종 방안들이 제시되었음

그렇다면 여기서 투자자들의 선택은 둘 중 하나입니다. 한국 주식시장을 떠나서 미국 주식시장으로 가든지, 아니면 국내 주식시장에서 투자 방법을 바꿔야 합니다.

전자의 선택은 지금 당장 할 수 있습니다. 하지만 2025년 상반기인 현재의 시점에서는 그런 선택을 추천하고 싶지는 않습니다. 환율은 이미 역사적인 최고점 수준을 유지하는 중이고, 나스닥은 2만을 찍고 1만 7,000대까지 내려온 상황입니다. 그러나 지난 2년간 상승폭이 80%를 넘는 것을 감안할 때 미국 주식시장에서도 수익을 내기는 당분간 쉽지 않아 보입니다.

그렇다면 남은 방법은 하나입니다. 투자처, 즉 국내 주식시장에서의 접근 방식을 바꿔야 합니다. 가치투자 같은 막연하게 저평가(사

〔자료 1-3〕최근 10년간 나스닥100, S&P500, KOSPI 200 지수의 수익률 비교

출처: Investing.com

실 저평가인지 그것이 시세인지도 알 수가 없는)라는 이유로 저밸류 주식*을 사서 보유하는 방식에서 벗어나야 합니다.

현재 전 세계 주식시장은 정보 접근의 용이성이 개선되어 사실상 '효율적 시장 가설(EMH, Efficient Market Hypothesis)'에 매우 준하는 시장입니다. 따

* **저밸류 주식**: 기업 가치에 비해 주가가 싸다고 판단되는 종목을 말함. 이는 단순하게 주가가 낮다는 뜻이 아니라, 기업의 내재가치(실제 가치)보다 시장에서 낮은 평가를 받고 있어 현재 주가가 낮게 거래되고 있다는 의미임

라서 저평가된 종목은 그 이유가 있기 때문일 가능성이 매우 높으

며, 그래서 지금의 그 가치가 적정한 가치일 확률이 높습니다.

그래서 필자가 제안하는 투자가 바로 '모멘텀' 투자입니다. 효율적 시장 가설처럼 현재의 주가는 지금까지 나온 모든 재료*가 녹아 있는 주가입니다. 새롭게 나오는 재료에 대해 그것을 풀이하고 그 재료로 인해 남아 있는 상승 여력을 좇아가는 투자, 그것이 바로 모멘텀 투자입니다.

> *** 재료:** 어떤 종목(회사)의 주가에 영향을 줄 수 있는 뉴스, 정보, 이슈 등을 말함. 신사업 진출, 실적 급증, 수출 계약 체결 등의 호재성 재료와 실적 부진, 소송·회계 이슈, 대규모 유상증자 등의 악재성 재료로 구분됨

대한민국 주식시장에서는 시가총액 30조 원짜리 기업이 하루에 20% 내외로 상승하는 일이 왕왕 발생하고 있으며, 시총 10조 원대 기업들은 주도 섹터*로 자리 잡은 뒤에는 50%씩 상승하는 현상도 빈번하게 발생하고 있습

> *** 주도 섹터:** 주식시장이나 경제 전반에서 다른 섹터(산업 분야)보다 더 큰 상승률을 보이며 시장을 이끄는 산업군을 말함. 즉 그 시기 시장의 '리더' 역할을 하는 산업이 주도 섹터임

니다. 이는 2020년 이전에는 상상조차 할 수 없었던 현상입니다. 이는 현재 국내 주식시장이 이런 모멘텀 투자에 대한 갈증을 느끼고 있다는 반증입니다.

최근의 모멘텀 투자 실제 사례를 잘 학습해서 기억해두자

필자가 모멘텀 투자의 필요성에 대해 강조하면 많은 이들의 대답은 비슷합니다.

"말이 쉽다." "그게 되겠느냐?" "내가 사면 꼭지다."

맞습니다. 아무런 준비 없이 시장에서 관심이 쏠린다고 해서 매수하면 그게 꼭지일 가능성이 큽니다. 그러므로 준비를 많이 해야 합니다.

주식은 역사의 반복입니다. 완전히 똑같은 일이 발생하지는 않지만, 비슷한 사건들이 발생하고 주가는 유사한 형태로 움직입니다. 그러므로 과거에 발생한 사건과 주가의 상관성에 대한 기억이 반드시 필요합니다.

세계적으로 유명한 투자자들은 대부분 역사에 대한 관심이 높습니다. 그들이 특별히 인류에 대한 관심이 있어서일까요? 그보다는 역사가 투자 수익률에 직결되기 때문일 것입니다.

워런 버핏은 역사책을 읽는 것이 취미라고 종종 언급했는데 과거 1929년 주식시장의 붕괴 등에 대해서도 깊게 공부한 적이 있다고 합니다. 레이 달리오, 하워드 막스, 조지 소로스 등도 역사공부를 취미로 삼으며 투자에 활용하는 대표적인 투자자들입니다. 이런 유

명 투자자들도 과거를 분석해서 다가
오는 새로운 이벤트*들이 향후 주가에
어떤 영향을 미칠지에 대해 깊이 공부
하는데, 우리 같은 일개 개인투자자들
이 준비 없이 시장에 뛰어드는 것은
너무나도 무모한 짓입니다.

 향후 이 책의 2부에서 심층적으로
다룰 다양한 모멘텀 투자의 실제 사례를 반복적으로 학습하고 기억
해서, 다가오는 새로운 이벤트를 나의 투자 모멘텀으로 이어가려는
노력을 해야 합니다.

> * **이벤트:** 개별 종목이나 시장 전체에 영향을 줄 수 있는 특별한 사건이나 일정을 의미함. 이벤트는 주가에 긍정적이거나 부정적인 영향을 줄 수 있기 때문에 투자자들이 매우 주의 깊게 살펴볼 필요가 있음

- 과거의 매매에 대해서 최대한 구체적으로 메모하라
- 시장의 시각과 나의 시각을 일치시키려는 노력을 하라
- '대량거래 + Something new'는 기업의 제2의 탄생이다

CHAPTER 2

모멘텀
투자 성공을 위한
구체적인 3가지 방법론

과거의 매매에 대해서
최대한 구체적으로 메모하라

들어가기에 앞서 명확히 말하자면, 모멘텀 투자는 데이트레이딩*이 아닙니다. 확실하게 좇을 모멘텀이라고 판단했다면 추세를 끝까지 다 먹고 나오는 것을 목표로 해야 합니다. 따라서 주식을 수박 겉핥기식으로 봐선 안 되고, 과거의 사례를 최대한 자세히 기억해야 합니다. 이를 위해선 반드시 투자일기 또는 매매일지를 작성

* **데이트레이딩:** 당일에 주식을 매수하고 매도하는 단기 매매 방식을 말함. 오버나잇(over night, 주식을 다음 날까지 보유해서 넘어가는 것)을 하지 않기 때문에 주식시장이 폐장한 이후에 일어나는 이벤트의 리스크나 기회에 대해 중립적임

하길 권고합니다.

'얼마에 사서 얼마에 팔았다' '어떤 뉴스 때문에 샀고 얼마에 샀다' 식의 단순한 기록이 아니라 그날 시장의 상황과 주도주들 그리고 전체적인 수급*이 어떤 식으로 순환했는지, 이벤트가 발생했으면 발생한 이후 어떤 식으로 움직였는지를 기록해야 합니다. 이벤트가 나오자마자 셀온*으로 급락했다가 반등을 한 것인지, 이벤트에 바로 반등했는지가 중요합니다.

이에 더해 실제로 매매를 했다면 당시에 느낀 감정이 어땠는지 공포 혹은 희열 등 자세히 서술해야 합니다. 왜냐하면 이벤트 발생 이후엔 변동성이 너무 크기 때문에 그 변동성에 혹해서 뇌동매매*를 일삼기 십상이기 때문입니다.

* **수급:** 수요(사는 쪽)와 공급(파는 쪽)을 둘러싼 힘의 균형을 말함. 즉 누가 얼마나 사고 누가 얼마나 파느냐를 의미하나, 일반적으로 매수세를 의미하기도 함. '수급이 좋다'는 말은 통상적으로 매수세가 강하다는 말로 사용됨

* **셀온:** Sell-On. 특정 자산이나 주식을 매도하는 행동을 의미함. 일반적으로 주식시장에서 종목에 긍정적인 이벤트인 호재가 발생했음에도 불구하고 주가가 오히려 급락하는 현상을 말함

* **뇌동매매:** 사전적 의미로는 '뇌(腦)'가 움직이는 매매, 즉 계획 없이 감정에 따라 충동적으로 사고 파는 것을 말함. 감정이나 주변 분위기에 휩쓸려 이성적인 판단 없이 매매하는 행위를 총칭함

실제로 2019년 영화 〈기생충〉이 아카데미 시상식에서 '작품상'을 수상하던 순간에 제작사였던 바른손의 주가는 1분 만에 20% 이상의 변동성을 보였습니다. 당시 두 세력 간의 매도/매수 싸움이 치

열했습니다. 즉 한쪽은 '작품상' 수상이 단순히 시상식의 마지막 순서로 여겨서 재료 소멸로 매도하려는 세력이었고, 다른 한 쪽은 '작품상'을 그해 영화 중 'Best Movie'로 평가해 전 세계적으로 흥행할 것이라 보고 매수한 세력이었습니다.

이날 바른손의 주가는 상한가를 찍고 10%까지 내려왔다가 다시 상한가를 가는 등 엄청난 변동성을 보여줬습니다. 이 난리를 친 이후에 주가는 다시 상한가로 마감했고, 그날 이후로 3일 연속 추가 상한가를 이어갔습니다. 만일 이 같은 사실을 제대로 기록하지 않고 차트만 본다면 그 찰나에 있었던 수많은 변동성을 잊고 '작품상을 타니 주가가 올랐네'라고 단순하게 기억할 것입니다.

이렇듯 단순하게 결과만을 기록한 매매일지의 경우 새롭게 발생한 이벤트에서 나오는 매우 높은 변동성을 이겨내지 못하고 공포에 휩싸여 뇌동매매를 일삼기 마련입니다.

실제로 바른손의 이 매매를 정확히 기억하고 있는 사람이라면 로제의 APT 흥행으로, 첫 상한가에 쏟아졌던 수많은 매물들을 이겨내고 YG PLUS를 매수해서 틀림없이 〈기생충〉의 바른손 못지 않은 수익률을 거두었을 것입니다.

시장의 시각과 나의 시각을 일치시키려는 노력을 하라

개인투자자들은 수없이 많은 뉴스와 공시*들을 접합니다. 하지만 내가 좋게 본 내용이라도 실제 주가 역시 좋은 흐름으로 이어지지는 않는 경우가 많습니다. 이는 나의 시각과 시장의 시각이 다르기 때문입니다.

주가가 이미 선반영*되었을 수도 있고, 실제로 좋은 내용이 아니지만 나만 좋게 생각하는 경우도 있으며, 그 외 다양한 이유들로 내가 본 새로운 팩트가 주가에 그대로 반영되지 않는 경우가 많은 것입니다. 모멘텀 투

> * **공시**: 상장 기업이 투자자들에게 중요한 정보를 공식적으로 공개하는 것을 말함. 거래소가 직접적으로 관리를 하며, 필요한 공시 정보를 거래소를 통해 게재하게 되어 있음. KIND(기업공시채널) 또는 DART(금융감독원 전자공시시스템)를 통해 공시를 확인할 수 있음

> * **선반영**: 어떤 이슈나 정보가 실제로 발생하기 전에, 미리 주가에 반영되어 움직인 상태를 말함. 기대감으로 먼저 움직이는 시장의 특성상 주가는 미래를 미리 반영하려는 성향이 있음

자에서 가장 중요한 점이 바로 이 부분입니다. '나의 시각'과 '시장의 시각'을 일치시키려는 노력을 해야 합니다.

이를 개선하기 위해선 3가지 노력이 필요합니다.

첫째, 앞에서 언급한 것처럼 과거의 사례를 최대한 많이 보고 정확하고 자세하게 메모해서 기억하고 있어야 합니다.

둘째, 눈대중으로 추정해선 안 됩니다. 좋게 본 내용이라면 이에 대한 정보의 탐색을 확장해야 합니다. 증권회사 리포트, 다른 뉴스, 공시사항을 빠르게 검색해서 이런 정보들이 내가 새롭게 접한 정보인지, 내가 오늘에서야 접한 팩트인지를 정확히 구분해야 합니다.

셋째, 반드시 주가를 함께 봐야 합니다. 이미 좋은 내용이어서 주가에 녹아 있다면 나는 뒷북만을 치게 되고, 흔히 말하는 고점매수의 신이 될 수밖에 없습니다. '아니야! 내가 맞을 거야'라고 고집스럽게 생각하며 무작정 매수한 후 인디언 기우제 같은 매매법으로 상승할 때까지 무작정 기다린다면 이는 다시 가치투자로의 회귀밖에 되지 않습니다.

명심합시다. 시장은 항상 옳습니다!

 ## '대량거래 + Something new'는
기업의 제2의 탄생이다

이 부분이야말로 모멘텀 투자에서 가장 중요합니다. 시장이 모두 인정할 만한 호재*가 등장하며 과거 평소 거래량의 10배 이상 터지면서 장대양봉이 나오는 기업은 그날이 '제2의 창업일'인 셈입니다.

과거의 주가, 과거의 실적, 과거의 히스토리는 그날 이후 모두 잊어야 합니다. 그날부터 그 회사와 주식은 새롭게 태어나는 것입니다. 전혀 다른 스토리를 쓰고, 전혀 다른 밸류에이션*으로 시장에서 재평가를 받을 것입니다.

기업이 제2의 탄생을 하는 경우는 다양합니다. 과거에 경험하지 못했던 임팩트 있는 실적, 신사업이나 신제품의 판매 호조, 대형계약을 통한 이익 성장의 가시화, 전 세계적으로 새롭게 태동하는 산업과의 연관성, 주식시장

* **호재:** 한자로 好材. 좋은 뉴스, 즉 기업이나 산업에 긍정적인 뉴스를 의미함. 단기 호재라면 잠깐 주가가 오르다 말고, 장기 호재라면 주가에 지속적인 영향을 줌. 한편 호재가 주가에 이미 선반영되어 있으면 호재 발표 후에 오히려 주가가 하락할 수도 있음

* **밸류에이션:** Valuation. 즉 기업의 가치 평가를 의미함. 기업의 가치를 숫자로 평가하는 과정, 즉 '이 기업의 주식이 비싼지, 싼지?'를 판단하는 일련의 모든 작업을 의미함

의 영원한 테마인 턴어라운드, 지금까지 보지 못했던 처음 보는 현상 등을 그 이유로 들 수 있습니다.

그리고 위에서 열거한 6가지 항목에 더불어 반드시 수반되어야 하는 것이 '대량거래를 수반한 대형 양봉의 등장'입니다.

시장은 바보가 아닙니다. 과거보다 주가가 한두 단계 레벨업되어 있는 데는 다 그만한 이유가 있는 것입니다.

여기에 더해 반드시 살펴봐야 할 점이 있습니다. 그것은 바로 메이저의 매수세입니다. 즉 기관과 외국인 투자자의 매수세까지 이어진다면 필자가 말하고 싶은 '완벽하게 새롭게 태어나는 기업'이 되

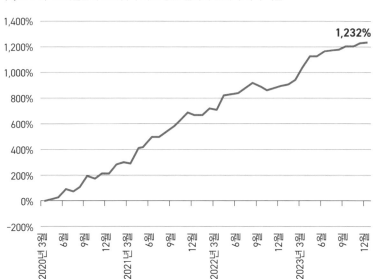

〔**자료 1-4**〕 40개월간의 모멘텀 투자를 통한 필자의 실제 투자 수익률

는 것입니다.

이런 기업의 주식은 이벤트가 발생한 첫날의 장중 언제든 확신의 매수가 필요하며, 장중의 주가 변동이 무서운 투자자라면 종가에라도 반드시 투자해야 합니다.

이 같은 모멘텀 투자 방식으로 필자는 40개월 누적수익률 1,232%를 기록했습니다. 그 과정에서 쌓아온 경험치와 각종 종목별 사례들을 통해 좀 더 자세한 모멘텀 투자의 방법에 대해 뒤에서 언급하도록 하겠습니다.

- 최근 한국 주식시장의 가장 큰 특징은 '쏠림 현상'이다
- 특정 섹터 ETF로만 자금이 계속 몰리고 있다

CHAPTER 3

'역사적 쏠림 시장'이기에
모멘텀 투자가
최고다

최근 한국 주식시장의 가장 큰 특징은
'쏠림 현상'이다

2025년 현재 대한민국 주식시장의 가장 큰 특징은 뭐니뭐니해도 '쏠림 현상'입니다. 상승하는 종목은 잦은 급등을 보이며, 횡보하거나 하락하는 종목들은 그 추세를 상승 반전시킬 조짐이 쉽게 보이지 않습니다.

일부 섹터와 일부 종목에 극단적으로 매수세가 쏠리면서 심지어 대형주가 이렇게 급등한 적이 있었나 싶을 정도입니다. 그러다 보니 시가총액 10조, 20조 원을 상회하는 대형주들이 툭하면 10% 이상씩 급등하는 현상이 반복적으로 일어나고 있습니다.

이런 현상은 2024년 중반부터 본격적으로 시작되었는데, 2025년에는 그 강도를 더해가고 있습니다. 실제로 연초 효과*로 인해 대형주들이 가장 탄력적으로 움직이는 1~2월의 대형주 등락률을 살펴보면(시가총액 5조 원 이상 기업이 당일 종가 9% 이상 상승한 경우를 1회로 집계) 2024년 대비 2025년의 상

* **연초 효과:** 연초(1월 초)에 투자 심리가 좋아지면서 주가가 상승하는 현상이 반복적으로 나타나기 때문에 이를 연초 효과라고 부름. 연말 매도 물량 해소, 기관의 새해 자금 유입, 새로운 한 해에 대한 기대감 반영, 연말 배당락 이후의 회복 기대 등 다양한 요인이 복합적으로 작용함

승 횟수가 130% 이상 증가했습니다. 특히 [자료 1-5]에서 보듯 코스피 지수 등락률로만 놓고 봤을 때 2024년 2월 지수 상승률이 가

[자료 1-5] 2024~2025년 연초 시가총액 5조 원 이상 기업이 일별 9% 이상 급등한 횟수와 코스피 등락률

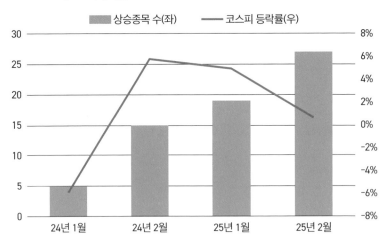

장 높음에도 불구하고 2025년 1, 2월에 대형주 급등이 훨씬 많이 나타나고 있음을 볼 수 있습니다.

그렇다면 왜 이런 극단적인 쏠림 현상이 발생하는지, 그리고 앞으로도 지속적인 것일지에 대한 의문이 생기는데, 일단 그 지속성은 유지될 것으로 보입니다. 현재의 이런 쏠림 현상의 발생은 거래대금*의 상승 유무와는 별개의 이슈로 판단됩니다.

> * **거래대금**: 하루 동안 특정 종목이나 시장에서 실제로 사고팔린 금액의 총합을 뜻함. '거래량×주가'로 계산되는 실제 금액임. 시장이 활황일 때 가장 많이 거래되는 종목의 거래대금이 1조 원이 넘어가는 경우가 종종 있음

흔히 요즘 한국 증시를 표현할 때 시쳇말로 '고인물 시장'이라고들 합니다. 코로나19 이후 새롭게 유입된 주식투자 인구는 한국 증시에서 실패를 거듭하면서 쓴맛을 경험하고 해외 주식이나 코인시장으로 모두 떠났으며, 그나마 남아 있는 투자자들은 경력이 상당하거나 매우 투기적인 성향을 보이기 때문인데, 상당히 공감되는 표현이기도 합니다.

앞으로 특별한 계기가 발생하지 않는 한 이 같은 고인물 시장*은 당분간 유지될 것으로 보입니다. 이에 따른 쏠림 현상도 지속될 가능성이 큽니다.

> * **고인물 시장**: 2020년대 들어 '서학개미'가 증가하면서 한국 증시에 크게 실망한 젊은 투자자들이 한국 주식시장을 빠르게 이탈했고, 이에 한국 증시에는 그야말로 나이가 지긋한 '고인물' 투자자만 남았다는 의미를 가진 신조어임

특정 섹터 ETF로만
자금이 계속 몰리고 있다

쏠림 현상이 일어나는 또 하나의 이유를 찾아보자면 바로 'ETF 시장의 급성장'입니다. 앞서 언급한 한국 증시에 남아 있는 '고인물' 투자자가 아닌 일반 투자자들은 ETF에 상당히 의존하고 있습니다. 이는 한국 증시를 떠나 해외 증시로 나간 투자자들에게서 먼저 유행이 시작되었다고 볼 수 있습니다.

언어의 장벽, 시간의 장벽으로 인해서 정보의 접근성이 낮아진 투자자들이 관련 '지수(index)'에 투자해 시장 리스크에는 노출이 될 망정 '개별 리스크'는 피하겠다는 투자 방식이 시장에 고착화되었습니다. 지난 2년간 미국 주식이 대형주 위주로 급등하면서 이 같은 지수 ETF* 또는 섹터 ETF*에 대한 높은 투자 수익률이 입소문을 타, 국내 증시에서도 ETF 시장이 폭발적으로 성장하고 있는 것으로 추정됩니다.

* **지수 ETF:** ETF(Exchange Traded Fund)란 특정 주가지수(Index)의 움직임을 그대로 따라가도록 설계된 상장지수펀드(ETF)를 말함. KODEX 200 ETF의 경우는 KOSPI 200 지수의 움직임을 추종하도록 설계된 상장지수펀드를 말함

* **섹터 ETF:** 같은 산업군에 속한 기업들의 주가를 모아서 만든 ETF를 의미함. 지수 ETF와는 다르게 특정 산업에 속한 기업들에 집중적으로 투자할 수 있게 만든 상장지수펀드임

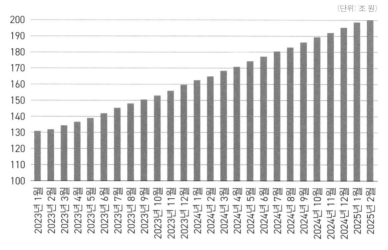

(단위: 조 원)

특히 투자자들은 과거의 '내가 산 종목만 빼고 오르는' 현상들을 많이 겪었던 탓인지 최근에는 지수 ETF보다는 섹터 ETF에 매수세가 쏠리고 있는 것으로 보이며, 이러한 현상으로 특정 섹터 ETF에 자금이 몰리면서 관련 ETF에 포함된 대형주들이 잦은 급등을 하는 것으로 추정됩니다.

ETF는 운용사가 발행하고 각 증권사들을 LP(유동성 공급자)*로 선정해 매수와 매도를 합산합니다. 이를 반영해 매일 변경 상장을 통해서 ETF에 편입된 종목들의 움직임을 복사해서 괴리

> * **LP(유동성 공급자):** 시장에 유동성을 공급해서 매수자와 매도자가 원활하게 거래할 수 있도록 도와주는 역할을 하는 기관을 말함. 주로 증권사나 기관투자자들이 LP 역할을 함

율*을 최소화하게 됩니다. 이 과정에서 ETF에 매수세가 몰리면 ETF는 발행주식 증가를 통해 매수세를 시장에 유입시키고, 이로 인해 ETF에 편입된 종목들이 상승하는 과정을 겪게 됩니다. 이와 반대로 편입된 종목들이 상승하는 것을 보고 투자자들이 ETF에 투자를 하는 경우도 있습니다.

> *** 괴리율:** ETF 실제 거래 가격과 ETF가 추종하는 기준 지수의 이론 가치(NAV) 사이의 차이율을 뜻함. 시장의 수요/공급 불균형, 해외 ETF의 경우는 환율 변동, 거래 시간 차이(예: 미국 ETF는 장이 열리지 않았을 때 한국에서 먼저 거래됨), LP가 제 역할을 못할 때에 괴리율이 발생함

사실 이는 '닭이 먼저냐, 달걀이 먼저냐' 하는 이슈가 있을 순 있으나, 특정 섹터에 관련된 ETF에 돈이 몰리게 되면 그 섹터는 매수세의 선순환 구조를 이루면서 주가의 오버슈팅이 나오곤 하는 것으

[자료 1-7] PLUS K방산 ETF의 주식 수 순증과 ETF 상위 세 종목의 주가 추이

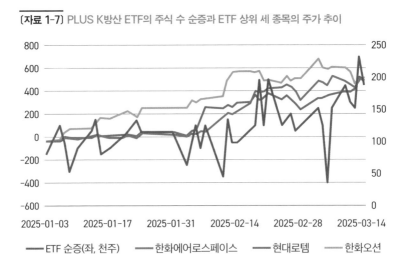

PART 1_ 가치투자는 끝났다! 이제 모멘텀 투자의 시대

로 추정할 수 있습니다. 이 같은 현상으로 인해 한국 주식시장에는 쏠림 현상이 반복적으로 나타나고, 그 쏠림을 반복적으로 관찰하던 일반 투자자들도 관련 섹터에 몰리면서 더 강력한 주가 급등이 나타나고 있는 것으로 파악됩니다.

실제로 대형 운용사들이 하나의 특정 섹터의 ETF를 새롭게 내놓는 시기에는 각종 방송, 언론 등에서 이에 대해 집중조명 합니다. 그러면서 ETF에 편입될 수 있는 관련 종목들의 시세가 매수세를 선반영하면서 주가가 상승하는 현상을 더러 볼 수 있었습니다. 그와 함께 특정 섹터 ETF가 시장에 등장하는 전후로는 강한 기관 매수세가 유입되는 사례를 종종 볼 수 있습니다.

실제 [자료 1-7]에서 보는 것처럼 PLUS K방산 ETF의 변경 상장

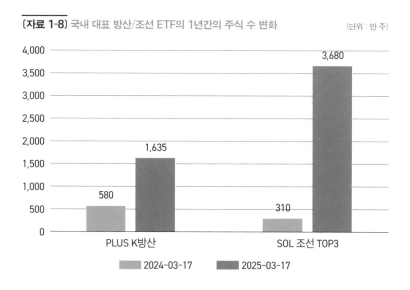

〔자료 1-8〕 국내 대표 방산/조선 ETF의 1년간의 주식 수 변화 (단위 : 만 주)

되는 순증 수량과 해당 ETF에서 가장 높은 비중을 차지하는 세 종목의 등락률은 거의 일치하게 움직이고 있는 것을 볼 수 있습니다. 물론 외국인과 개인투자자 그리고 또 다른 기관투자자들의 수급에 따라 100% 일치하진 않을 수 있으나, 상당히 높은 상관관계를 가지고 주가가 움직이는 것을 알 수 있습니다.

[자료 1-8]의 경우 과거 1년간 한국 증시에서 가장 높은 상승률을 보여주는 섹터의 대표 ETF인데, 1년 전 대비 발행 주식 수의 증가가 방산의 경우 전년 동기 대비 182% 증가했고, 조선의 경우 1,087% 증가했음을 볼 수 있습니다.

이렇듯 시장의 쏠림 현상과 더불어 ETF 시장의 급격한 성장으로 인해 모멘텀 투자는 당분간 시장 수익률을 상회할 가능성이 클 것으로 판단됩니다.

CHAPTER 4

시간을 극단적으로
압축시키는
모멘텀 투자인 '상따'

모멘텀 투자와 상따 투자의
공통점과 차이점

모멘텀 투자에서 시간의 흐름을 극단적으로 압축시키는 매매법은 상한가 따라잡기(이하, 상따)입니다. 상따 매매법은 더 오를 수 없는 상한가 가격에 사서 그보다 더 비싸게 파는 비이성적 투자입니다. 하지만 역설적으로 매우 이성적인 투자방식이기도 합니다.

앞서 언급한 모멘텀 투자와 상따의 가장 큰 차이는 '공략하는 대상의 차이'라고 볼 수 있습니다. 모멘텀 투자는 주도주를 위주로 하고, 상따는 상당히 높은 비율로 테마주*를 위주로 합니다.

주도주는 시장 전체에서 가장 강력한 모멘텀을 가지며, 펀더멘털*

개선이 기대되는 섹터나 기업이 중심이 됩니다. 이들은 장기적인 성장 동력을 확보해 기관과 외국인 투자자의 매수세가 몰리는 경향이 있습니다. 또한 주도주는 국내 증시에서만 발생하는 현상이 아니라 글로벌 시장에서도 공통적으로 나타납니다.

반면에 테마주는 특정한 현상을 기반으로 직·간접적인 연관성이 있으나, 실제로 기업의 이익 성장에 얼마나 기여할지는 불확실한 경우가 많습니다. 그러나 시장에서는 이러한 테마를 놓

> * **테마주:** 특정 이슈나 키워드(테마)로 묶여서 함께 움직이는 주식들을 말함. 같은 산업 소속이 아니어도, 같은 테마에 엮여 움직이는 종목들임. 대선테마, 방산테마, 조선테마, 행정수도 이전 테마 등 시기에 따라 정치적·경제적·사회적 이슈들을 기반으로 주식시장에서 자연스럽게 형성됨

> * **펀더멘털:** 기업의 기본적인 체력이나 내재 가치를 뜻함. 즉 실속 있는 회사인지, 돈 잘 벌고, 부채 적고, 성장 가능성 있는지 등을 따지는 게 펀더멘털 분석임

치기 아까운 강력한 모멘텀으로 인식해 개인투자자를 중심으로 강한 매수세가 몰리며 단기간에 큰 시세가 형성되는 경우가 많습니다.

따라서 모멘텀 투자는 주로 중대형주를 중심으로 이루어지며, 상따는 보통 소형주 중심으로 공략 대상을 찾습니다. 간혹 시가총액 1조 원 이상의 중형주에서도 상한가가 발생하기는 하지만 테마주처럼 단기적으로 폭발적인 상승을 보이기보다는 중장기적으로 추세를 이루며 상승하는 것이 일반적입니다.

즉 모멘텀 투자와 상따 모두 재료를 기반으로 한다는 공통점이 있지만, 공략하는 기업의 시가총액, 수급, 지속성에서 차이가 존재합

니다. 특히 상따는 변동성이 매우 크기 때문에 초보 투자자들에게는 추천하기 어렵습니다.

 ## 상한가 따라잡기만이 가진
3가지 장점

상한가 따라잡기는 시장에서 대형 호재가 등장했을 때 이를 매수해서 짧게는 이틀, 길게는 4~5일간 보유 후 매도해 수익률을 극대화하는 매매법입니다. 일반적으로 소형주에서 많이 나타나는 형태인데, 요즘처럼 쏠림이 심하고 유동성이 풍부한 시장에서는 중형주 이상 대형주에서도 곧잘 기회가 생깁니다.

　상따의 가장 큰 장점은 '투자할 종목을 내가 찾지 않는다'는 점입니다. 시장이 그 종목을 상한가까지 올려주고 그 이유가 타당하다고 판단되었을 때 상한가에 매수하면 됩니다.

> * **매수잔량:** 주식 시장에서 매수를 하고자 주문을 이미 제출한 수량 중에서 체결되지 않고 대기 상태인 수량을 말함. 현재 매수잔량이 많다는 것은 수급이 좋고 매수세가 우위에 있는 상황임을 알려줌

　상따의 두 번째 장점은 '상한가로 마감했을 때 다음 날의 투자수익이 상당히 보장된다'는 점입니다.

수백만 주의 매수잔량*이 쌓였을 경우엔 미국 시장의 4~5% 급락이 나오더라도 갭상승*해서 출발하며 안정적인 수익을 가져다줍니다.

상따의 세 번째 장점은 '시간을 압축해서 쓸 수 있다'는 점입니다. 이는 달리 말하면 단기간에 매우 높은 수익률을 가져올 수 있다는 이야기입니다. 시장이 받쳐주는 상황이라면 매월 100% 이상의 수익률이 꿈만은 아닙니다.

* **갭상승:** 아침 시가가 전일 종가보다 높게 시작하는 것을 의미함. 주식시장이 마감된 이후부터 다음 날 시작 전까지 새로운 좋은 이벤트가 발생했을 경우에 그 강도에 따라 더 높은 시가를 형성하며 시작하게 됨

[**자료 1-9**] 실제 '상따 매매 프로젝트 계좌'의 누적 수익률

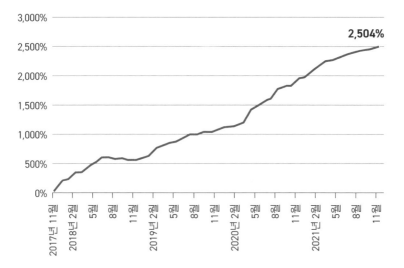

상따 매매는 수익률에 엄청난 폭발력을 가져다줍니다. 필자는 실제로 이 상따 매매를 통해 3개월간 357%, 4년간 2,504%의 누적 수익률을 기록했었습니다. 상따 매매의 구체적인 사례와 방법론에 대해서는 이 책의 4부에서 구체적으로 언급하겠습니다.

|

MOMENTUM
INVESTMENT

|

역사는 반복된다!
모멘텀 투자
실증사례 분석

MOMENTUM

'새롭게 태어나는 회사는 반드시 집중하자!' 사실상 이 책에서 가장 핵심이 되는 주제입니다. 대한민국 주식시장에서 모멘텀 투자를 하기 위해서는 새롭게 태어나는 회사에 반드시 집중해야 합니다.

기업이 새롭게 태어나는 데는 다양한 사례가 있습니다. 과거에 경험하지 못했던 임팩트 있는 실적, 신사업이나 신제품의 판매 호조, 대형계약을 통한 이익 성장의 가시화, 전 세계적으로 새롭게 태동하는 산업과의 연관성, 주식시장의 영원한 테마인 턴어라운드, 지금까지 보지 못했던 처음 보는 현상 등을 들 수 있습니다.

그리고 위에서 열거한 6가지 현상에 더불어 반드시 수반되어야 하는 것이 대량거래를 수반한 대형 양봉의 등장입니다. 대량거래는 시장에서의 관심도의 척도입니다. 시장이 들썩일 정도의 대량거래는 해당 기업의 제2의 탄생을 알리는 신호탄인 셈입니다.

어떤 주식이 위에서 언급한 내용들을 기반으로 과거에 경험해보지 못했던 대량거래가 터지며 주가 상승이 일어난다면, 오늘부터 우리는 그 주식의 과거는 깨끗이 잊고 다시 봐야 합니다. 하지만 대다수의 개인투자자들은 이렇게 하지 못합니다. 보통 이런 경우에 과거 주가 대비 현재의 주가 수준이 높기 때문에 일반적인 투자자들은 상승한 주가를 부담스러워 하며 매수를 기피합니다. 대신 오르지도 않을 주식을 자기 기준에 따라 사기 마련인데, 이는 매우 안타까운 투자방법입니다. 시장은 바보가 아닙니다. 주가가 과거보다 한두 단계 레벨업되어 있는 것에는 다 그만한 이유가 있는 것입니다.

여기에 더해 반드시 살펴봐야 할 점은 메이저의 매수세입니다. 즉 기관과 외국인 투자자의 매수세까지 이어진다면 '완벽하게 새롭게 태어나는 기업'이 되는 것입니다. 이런 기업의 주식은 이벤트가 발생한 첫날의 장중 언제든 확신의 매수가 필요하며, 장중의 주가 변동이 무서운 투자자라면 종가에라도 반드시 투자해야 합니다.

지금부터 최근 국내 주식시장에서 발생했던 구체적인 사례를 중심으로 새롭게 태어난 기업들의 현상과 주가를 살펴볼 것입니다. 이 내용을 충분히 숙지해서 만약 미래에 이런 비슷한 내용의 현상이 발생하면 지체 없이 과감한 투자로 이어지도록 해야 합니다. 주식은 역사의 반복입니다. 과거 역사에서 이루어졌던 현상들이 반복해서 이루어지며, 그 역사에서 일어났던 일들을 잘 기억해야만 미래에도 큰 수익을 기대할 수 있다고 믿습니다.

지금부터 다루는 모멘텀 투자의 실증사례들은 많은 투자자들이 아는 내용일 수 있습니다. 하지만 실증사례를 아주 자세히 복기해보며 향후에 비슷한 상황들이 발생했을 경우 어떻게 대응해야 투자자의 수익률을 극대화할 수 있을지 살피는 것을 가장 큰 목표로 삼아야 합니다.

- 삼양식품 : 2등 라면 업체에서 K푸드 국가대표로
- 실리콘투 : 300% 성장률을 보여준 K뷰티 대장주

CHAPTER 1

임팩트 있는 실적을 내며
새롭게 태어난 기업

삼양식품
2등 라면업체에서 K푸드 국가대표로

2024년 5월 16일에 삼양식품이 2024년 1분기 실적을 발표했습니다. 매출액은 전년 동기 대비 57% 증가했고, 영업이익은 236%나 급증했습니다. 시장의 컨센서스*(예상치)와 비교해보아도 영업이익이 약 90% 이상이나 더 잘 나온 것입니다.

국내에서 가장 인기 있는 라면은 농

> **＊ 컨센서스:** Consensus. 애널리스트들이 한 기업의 실적이나 지표에 대해 예측한 평균치를 의미함. 애널리스트들의 기업 전망 중 가장 높은 수치를 컨센서스 상단, 낮은 수치를 컨센서스 하단이라고 일반적으로 표현하기도 함. 실적이 좋더라도 컨센서스보다 낮으면 주가가 하락할 수도 있고, 반대로 실적이 나쁘더라도 컨센서스보다 높으면 주가는 상승하기도 함

	1Q24	1Q23	YoY(%)	4Q23	QoQ(%)	컨센서스	컨센 대비 (%)
매출액	385.7	245.6	57.1	326.7	18.1	325.1	18.7
영업 이익	80.1	23.9	235.8	36.2	121.5	42.4	89.0
지배주주 순이익	66.5	22.3	197.9	31.3	112.4	36.0	85.0
OPM(%)	20.8	9.7	11.1	11.1	9.7	13.0	7.7

심의 신라면이고, 전 세계적으로도 농심 신라면이 한국을 대표하는 라면으로 모두 인지되고 있었던 시점이었습니다. '삼양식품에서 내놓은 매운 라면이 매니아층을 중심으로 인기라더라. 해외에서도 인기가 좀 있더라'는 수준의 기사들은 많이 접했었지만, 삼양식품이 2024년 1분기에 내놓은 실적은 그야말로 완전 서프라이즈 수준이었습니다.

삼양식품의 분기 실적이 발표되기 일주일 전쯤 SNS에서 화제가 된 영상이 있었습니다. 흔히 말하는 숏츠라는 형태로 만들어진 영상인데, 외국의 어떤 소녀가 생일 선물로 까르보 불닭볶음면을 받고 감격에 겨워 눈물짓는 영상이었습니다.

한국이 어디에 있는지조차 모를 것 같은, 이제 겨우 7~8세쯤 되어 보이는 서양 소녀가 생일 선물로 라면을 받고 우는 모습이 당시에 의아했습니다. 그런데 일주일 즈음 뒤에 나온 삼양라면의 실적이

(자료 2-2) SNS에서 화제가 되었던 장면과 이후 삼양라면의 라면 전달

모든 것을 말해주었습니다.

삼양라면의 실적을 보면 매출액 증가분대비 영업이익의 증가분이 약 4배 정도 높은 것을 볼 수 있습니다. 제조업 특성상 규모의 경제*로 인한 수익성 증가가 첫 번째 요인일 것이고, '불닭볶음면 단계별 매운맛 챌린지'가 SNS에서 이슈가 되면서 마케팅

> * **규모의 경제:** 생산량이 늘어날수록 제품 하나당 드는 평균 비용(단가)이 낮아지는 현상을 말함. 고정비가 높은 기업일수록 생산 제품의 수량이 증가함에 따라 생산 단가는 더욱 가파르게 감소하는데, 이는 감가상각비와 연구개발비 및 그 밖의 고정비가 수량이 증가할수록 분산되기 때문임

비용의 효율화가 주요 이유일 것으로 추정됩니다.

기존의 국내 라면의 글로벌 진출 시 마케팅 방식이 "우리 라면 맛있으니 사세요"였다면, 삼양라면의 불닭볶음면은 소비자가 스스로

매운맛에 도전하겠다며 찾아 나섰습니다. 단순히 매운라면이 아닌 맛까지 챙기는 까르보 버전의 라면을 선보이면서 전 세계, 특히 우리와 입맛이 완전히 다른 서양의 소비자들까지 사로잡아 그야말로 글로벌 히트 상품이 된 것입니다.

시장의 예상치를 훨씬 뛰어넘는 서프라이즈를 기록했기 때문에 증권사 애널리스트들도 분주해졌습니다. 삼양식품을 커버하고 있던 증권사 애널리스트들도 모두 다음 날 목표주가를 대폭 올리며 삼양식품의 장기적인 비전을 긍정적으로 제시했습니다. 특히 1분기 실적이 이 정도의 서프라이즈를 기록하게 되면 다음 분기에 대한 실적 전망치도 자연스럽게 올라가고 연간 전망치도 크게 상승하기 때문에 주가의 상승추세는 최소 한 분기, 그 이상 더 지속될 수 있어 중기적으로도 상승추세를 그릴 수 있다고 볼 수 있습니다.

1분기 실적에 대한 시장의 호평으로 인해 삼양식품의 주가는 실적 발표 다음 날 '점상한가'*를 기록했습니다. 비록 점상한가였지만 거래량이 8.8만 주에 달했고, 거래대금이 392억 원이었기 때문에 주문을 넣었다면 상당히 많은 수량배분을 받을 수 있었던 거래

* **점상한가:** 장을 시작하자마자 시가부터 상한가로 직행해서 그 상태로 하루 종일 상한가로 거래되거나 매수잔량만 쌓여있는 경우를 말함. 당일 캔들의 모양이 점처럼 보인다고 해서 점상한가라고 부름

였습니다. 하지만 점상한가라는 특수성을 감안해서 그날은 사지 못했다 하더라도 그 다음 날은 사야만 했습니다.

〔자료 2-3〕 2024년 1분기 실적 발표 이후 발간된 증권회사들의 리포트 현황

작성일	제목
2024.05.20	식료품-〔음식료/유통 하반기 전망〕 K-Food, 미국을 넘어 세계로
2024.05.20	삼양식품-2024년 5월 20일 AIR
2024.05.20	삼양식품-Global Buldak
2024.05.20	삼양식품-1Q는 삼양의 독무대였다(ft. 글로벌 Peer 실적 분석)
2024.05.18	삼양식품-금상첨화
2024.05.17	SamyangFood-1Q24 earnings surprise
2024.05.17	삼양식품-불닭의 신화는 끝이 없다!
2024.05.17	삼양식품-1Q24 Review: 까르보불닭 소녀야 고마워!
2024.05.17	삼양식품-음식료 업종 희대의 서프라이즈
2024.05.17	삼양식품-1Q24 Review: 일냈다!
2024.05.17	삼양식품-불닭의 위엄
2024.05.17	삼양식품-1Q24 Review: 상상도 못한 실적
2024.05.17	삼양식품-달라진 어닝 파워를 보여준 실적
2024.05.17	식료품-라면: 이보다 "HOT"할 수는 없다!

그 다음 날은 시가 +9% 갭상승해서 상한가 터치 후 종가 12%로 마감했습니다. 거래량은 67만 주였습니다. 평소 거래량이 7만~8만 주 수준이었던 것을 감안하면 이날 거래량은 10배 가까이 폭증한 것입니다. 앞에서 언급했던 것처럼 '본 적 없던 호재'를 기반으로 대규모 거래가 터지며 주가가 급등한 것입니다. 이날부터 삼양식품은 단순히 국내 라면시장 2위 업체가 아닌 글로벌 히트상품을 가진 업체로 거듭났다고 볼 수 있습니다. 즉 삼양식품은 이날부터 K푸드의

대표업체로 발돋움한 셈입니다.

말 그대로 삼양식품의 이번 서프라이즈는 단순 실적 증가가 아닌 회사의 가치를 바꾸는 서프라이즈였고, 대량거래가 수반되었기 때문에 과거의 주가 흐름은 잊어야 합니다.

과거의 주가는 모두 잊고, 57만 원부터 새롭게 시작하는 불닭볶음면 기업입니다. 이런 흐름은 지속적으로 유지되어오고 있으며, 2024년 4분기 실적도 역시 서프라이즈를 기록하면서 2025년 상반기에 고점으로 95만 원을 터치했고, 애널리스트들의 목표주가는 이미 120만까지 상승했습니다.

[자료 2-4] 삼양식품의 일봉차트

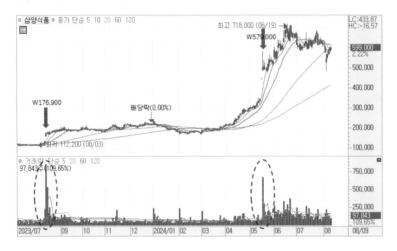

실리콘투
300% 성장률을 보여준 K뷰티 대장주

2024년 1분기 실적 발표에서 가장 빛난 업체를 손꼽아보면 앞서 언급한 삼양식품과 실리콘투가 단연 압도적입니다. [자료 2-5]에서 보듯 실리콘투는 컨센서스를 126% 상회하는 어닝서프라이즈*를 기록했고, 전년대비 영업이익이 300% 증가했습니다. 실리콘투의 대표 제품들이 아시아를 넘어

* **어닝서프라이즈**: Earning surprise. 기업의 실제 실적이 시장 예상치(컨센서스)를 훨씬 웃도는 현상을 말함. 반대의 경우에는 어닝쇼크(Earning shock)가 있는데 실적 예상치를 크게 하회하는 경우를 의미함. 어닝서프라이즈는 통상적으로 주가 상승을 이끌며, 어닝쇼크는 주가 급락이 동반됨

미국 시장에서도 판매 호조를 보이면서 시장 예상치를 훌쩍 뛰어넘는 서프라이즈를 기록했습니다.

〔자료 2-5〕 실리콘투의 2024년 1분기 실적 요약

(십억 원, %)

	1Q24	1Q23	YoY(%)	4Q23	QoQ(%)	컨센서스	컨센 대비 (%)
매출액	1,499	580	158	1,057	42	1,100	36
영업이익	294	74	297	149	97	130	126
순이익	255	63	305	100	155	110	132

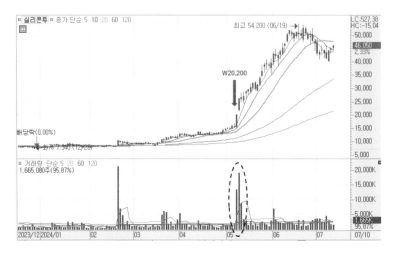

　이로 인해 실리콘투는 실적 발표 후 대량거래를 수반하며 상한가를 기록했고, 다음 날 역시 상한가를 굳히며 중기적인 상승추세를 보였습니다. 앞서 언급했던 것처럼 분기 실적의 서프라이즈는 다음 분기 실적의 기대치까지 강력하게 끌어올리기 때문에 최소한 3개월 이상의 상승추세를 유지합니다.

　실리콘투도 삼양식품과 마찬가지로 한 분기 직전, 즉 2023년 4분기에도 실적 서프라이즈를 기록하며 대량거래를 수반하는 상한가를 기록했었습니다. 다만 2024년 상반기 코스닥 시장의 전반적인 부진과 여타 동종 화장품 업계의 주가 하락으로 강력한 상승세를 실적발표 직후 보여주진 못했지만 그 이상의 실적 서프라이즈로 단기 바닥

일자	현재가	대비	거래량 ▼	개인	외국인	기관계
24/06/07	44,000 ▲ 2,500		2,303,424	-352,390	+348,856	+30,159
24/06/05	41,500 ▼ 850		2,570,050	-2,632	-101,833	+114,503
24/06/04	42,350 ▼ 750		3,339,440	+251,768	-403,910	+138,833
24/06/03	43,100 ▲ 5,350		7,088,242	-415,794	+353,968	+121,306
24/05/31	37,750 ▼ 1,250		3,066,765	+122,293	-229,635	+222,107
24/05/30	39,000 ▼ 200		1,084,051	+83,648	-59,617	-19,678
24/05/29	39,200 ▲ 250		1,636,108	+400,520	-302,815	-101,333
24/05/28	38,950 ▲ 2,550		2,031,863	+151,605	-47,700	-101,901
24/05/27	36,400 ▲ 2,450		2,577,571	+16,713	-122,192	+93,680
24/05/24	33,950 ▲ 2,500		2,130,161	-75,348	+9,519	+75,449
24/05/23	31,450 ▲ 1,500		1,303,636	-116,831	+161,359	-49,167
24/05/22	29,950 ▼ 2,050		2,059,242	+236,617	-123,436	-130,069
24/05/21	32,000 ▲ 1,700		1,406,074	+53,177	+1,778	-47,398
24/05/20	30,300 ▲ 750		2,576,829	-242,710	+114,584	+151,734
24/05/17	29,550 ▲ 650		1,494,892	+77,199	-132,314	+71,903
24/05/16	28,900 ▲ 1,900		2,934,787	-289,490	+105,559	+152,278
24/05/14	27,000 ▲ 350		3,575,307	-403,239	+148,884	+251,122
24/05/13	26,650 ▲ 400		8,790,063	-288,078	+636,309	-373,502
24/05/10	26,250 ⬆ 6,050		19,168,066	-533,625	+212,322	+471,105
24/05/09	20,200 ⬆ 4,640		13,529,588	-419,851	+140,670	+175,383

257720 ▼ 🔍 신 실리콘투 2024/06/10 📅 ○금액 ◉수량 ○추정평균기

기간 24/05/09 📅 ~ 24/06/08 📅 누적순매수 1,746,448 +710,356 1,246,514

에서 무려 5배에 가까운 주가 상승률을 기록했습니다.

여기에 더해 실리콘투에 대해 나만 좋게 보는지, 시장 참여자들이 함께 좋게 보는지를 반드시 체크해볼 필요가 있습니다. 이는 기관과 외국인의 수급으로 크로스체크해보면 간단합니다. 실적 발표 후 이틀 연속 상한가를 기록하는 동안 기관은 63만 주를 순매수했고, 외

국인은 36만 주를 순매수했습니다. 상한가임에도 기관과 외국인이 모두 매수했습니다. 즉 내가 좋게 보고 있는 것을 기관과 외국인도 좋게 보고 있다는 사실을 수급을 통해서도 확인된 것입니다. 그런 점에서 매수 후 중장기적으로 지속적인 홀딩을 통해 수익을 극대화시키기에 모든 요건이 갖춰졌다고 볼 수 있습니다.

반드시 명심합시다! 분기 실적이 시장 예상치를 100% 상회한 종목의 상승추세는 단기에 끝나지 않고, 최소한 다음 분기 실적 발표하기 전까진 유지된다는 점을!

- 에스앤디 : 불닭볶음면에 업혀 그 이상으로 날아오를 가능성
- 레인보우로보틱스 : 삼성전자를 최대주주로 맞아 환골탈태

CHAPTER 2

새로운 파트너와
손잡은 후 새롭게
태어난 기업

에스앤디
불닭볶음면에 업혀 그 이상으로 날아오를 가능성

전 세계적인 히트 상품이 등장하게 되면 해당 제품에 부품이나 원재료를 공급하는 업체들의 실적이 함께 동반 성장하며 관련 기업의 주가도 함께 오르는 사례는 주식시장에서 매우 흔한 일입니다. 하지만 원청업체의 수익성 개선을 위해 단가를 인하하고, 원재료의 안정적인 공급을 위해 공급업체를 늘려가면서 하청업체의 실적 성장이 둔화되고, 이에 따라 주가가 하락하는 것 역시 아주 흔한 일입니다.

　하지만 이번 사례는 기존 사례들과는 사뭇 다릅니다. 하청업체*의 실적이 원청업체*의 실적을 능가할 가능성까지 보여주는 이례적인 경우가 될 수 있어, 자세히 살펴볼 필요가 있습니다.

삼양식품의 불닭볶음면 수출이 전 세계적으로 급증하기 시작한 시점은 2023년부터였습니다. 불닭볶음면의 핵심은 '면'보다는 아주 매콤한 '소스'에 있다는 점이 명백했습니다. 이에

따라 이 소스를 납품하는 기업에 대한 관심이 자연스럽게 커졌고, 주식시장에서는 이 소스업체인 에스앤디(S&D)에 큰 관심을 보이기 시작했습니다.

에스앤디는 불닭볶음면에 사용되는 분말 소스와 액상 소스를 모두 납품하는 코스닥 상장사입니다. 초기에는 불닭볶음면 완제품에 들어가는 소스만 생산했으나, 2017년부터 삼양식품이 소스를 개별 완제품으로 출시하기 시작하면서 개별 소스 제품에 대한 공급도 함께 진행하고 있습니다.

에스앤디는 불닭볶음면 소스 외에도 일부 건강기능 식품 매출을 보유하고 있지만, 이미 2020년 이전부터 전체 매출의 80% 이상이 불닭볶음면 관련 매출에서 발생하고 있는 상황입니다. 2024년에는 불닭볶음면 관련 매출 비중이 전체의 88% 이상을 차지하면서, 사실상 에스앤디의 실적이 불닭볶음면과 동기화되었다고 볼 수 있습니다.

〔자료 2-8〕 에스앤디의 불닭볶음면 관련 주요 제품

크림맛 분말

버터시즈닝 분말

그릴치킨 농축액

매운치즈소스-지(G)

치킨향 분말-지(G)

분말 제품군

그릴농축액-지(G)

액상 제품군

출처: 에스앤디

〔자료 2-9〕 애스앤디의 불닭볶음면 관련 매출 비중 추이

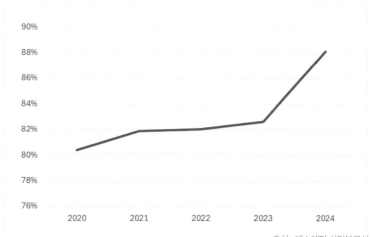

출처: 에스앤디 사업보고서

삼양식품의 불닭볶음면 판매 증가에 따라 [자료 2-10]에서 보듯 에스앤디의 생산 능력은 2020년 6,720톤에서 2024년 2만 2,591톤 으로 약 236% 급증했습니다. 2024년 연간 기준 평균 가동률은 71% 수준에 이르렀으며, 추가적인 생산설비 투자 없이도 현재 대비 약 40%까지 매출 증가가 가능한 상황입니다.

일반적으로 원청 대기업 제품이 시장에서 흥행한 이후, 생산 수율 이 안정되면 원청 대기업은 수익성 개선을 위해 하청업체에 단가 인 하를 요구하는 것이 관례입니다. 이에 따라 하청업체의 수익성이 악 화되는 것이 일반적입니다.

[자료 2-10] 에스앤디의 제품 생산 능력과 생산 실적 추이

출처: 에스앤디 사업보고서

그러나 에스앤디는 이러한 일반적인 패턴과 달랐습니다. [자료 2-11]에서 확인할 수 있듯, 주요 제품의 공급 단가는 5년째 유지되고 있으며, 일부 제품의 경우 오히려 단가가 상승하기도 했습니다. 덕분에 에스앤디는 하청업체임에도 불구하고 안정적인 수익성을 확보하고 있습니다.

이러한 배경 덕분에 에스앤디는 연간 영업이익률 14~16%대를 꾸준히 유지해왔으며, 2024년에는 영업이익률이 17.3%까지 상승하는 성과를 기록했습니다.

[자료 2-11] 에스앤디의 주요 제품 납품 단가 추이

출처: 에스앤디 사업보고서

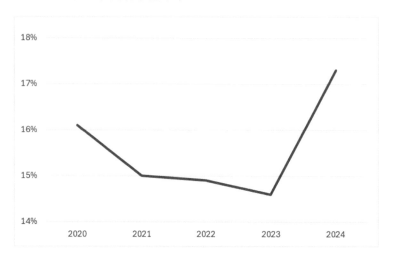

일반적으로 원청 대기업은 안정적인 원재료 공급을 위해 하청업체를 다변화하는 전략을 취합니다. 그러나 불닭볶음면의 경우, 핵심 경쟁력이 '소스'에 있기 때문에 추가적인 공급업체를 확보하는 것이 쉽지 않습니다. 공급업체를 늘리는 것은 곧 현재 확보하고 있는 소스의 핵심 비법을 다른 업체와 공유해야 한다는 것을 의미하며, 이는 '핵심기술 유출'이라는 중대한 리스크를 초래할 수 있습니다. 이러한 이유로 삼양식품은 추가 공급업체를 선정하지 않고 있으며, 이에 따라 에스앤디는 안정적인 매출 성장과 높은 수익성을 지속적으로 유지할 가능성이 큽니다. 이는 마치 코카콜라의 제조 비법이 철저히 보호되고 있는 것과 유사한 구조입니다.

〔자료 2-13〕 아시아 주요 시장에서 불닭볶음면과 함께 독립 상품으로 마케팅중인 소스

불닭볶음면 소스의 비법이 앞으로도 철저히 관리된다면, 새로운 공급업체가 선정될 가능성은 매우 낮다고 볼 수 있습니다. 이러한 점은 일반적으로 IT 산업 등에서 흔히 나타나는 '공급업체 다변화 리스크'가 존재하지 않는다는 의미이며, 따라서 에스앤디의 투자 매력도는 상당히 높다고 평가할 수 있습니다.

한편 불닭볶음면이 해외 시장에서 본격적으로 매출을 기록하기 시작한 것은 2023년부터입니다. 그리고 1년이 지난 2024년에는 불닭볶음면 소스에 대한 해외 시장의 관심이 본격적으로 나타납니다. 삼양식품은 이미 2017년에 국내 시장에서 불닭볶음면 소스를 개별 완제품으로 출시한 바 있으며, 현재는 해외에서도 불닭볶음면의

'면'뿐만 아니라 소스까지도 일반 음식과 함께 활용하는 문화가 확산되고 있습니다. 이에 따라 소스 개별 완제품의 해외 판매도 빠르게 증가하는 추세입니다. 이 현상은 에스앤디의 실적 성장이 삼양식품의 불닭볶음면 매출 성장률을 초과할 가능성까지 열어주고 있습니다.

실제로 미국에서 불닭볶음면 소스의 시장 점유율은 2023년까지는 큰 변동이 없어 존재감이 거의 없는 수준에 머물렀습니다. 그러나 2024년부터는 시장 점유율이 빠르게 상승하고 있는 상황입니다. 그럼에도 불구하고 현재 시장 점유율은 여전히 0.4%에 불과하는데, 이는 앞으로 성장 여력이 매우 크다는 점을 시사합니다.

〔자료 2-14〕 2024년부터 미국 내 시장에서 존재감을 보이기 시작하는 불닭 소스

미국 매운 소스 시장 점유율 변화

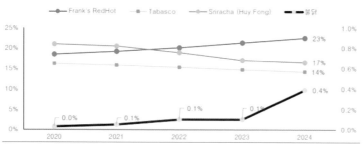

자료: Instacart, Trass, 유안타증권 리서치센터

〔자료 2-15〕 삼양식품의 매출 성장률을 능가할 가능성이 본격화되는 2025년

연간 에스앤디 및 삼양식품 매출액 추이

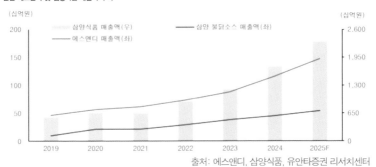

출처: 에스앤디, 삼양식품, 유안타증권 리서치센터

〔자료 2-16〕 불닭볶음면의 수출 급증한 이후의 삼양식품과 에스앤디의 주가 흐름

소스 개별 완제품의 성장은 향후 에스앤디의 실적 성장에 큰 기여를 할 것으로 예상됩니다. 실제로 주식시장에서는 에스앤디의 매출 성장률이 삼양식품의 매출 성장률을 상회할 것으로 전망하고 있습니다. 일반적으로 완제품이 흥행할 경우, 완제품을 생산하는 기업의 주가 상승률이 원재료를 공급하는 업체보다 압도적으로 높은 경향을 보입니다.

실제로 해외에서 불닭볶음면이 흥행하기 시작한 2023년 하반기 이후의 주가 흐름을 살펴보면, 에스앤디의 주가 상승률은 약 400% 수준인 반면, 삼양식품의 주가 상승률은 약 700%에 달하고 있습니다.

그러나 불닭볶음면 소스 개별 완제품이 해외 시장에서 반응하기 시작한 2024년 이후부터는 두 기업의 주가 흐름이 거의 일치합니다. 2025년 중에 소스 완제품의 흥행으로 인해 에스앤디의 실적 성장률이 삼양식품의 실적 성장률을 초과하는 것이 확인된다면, 향후에는 에스앤디의 주가가 삼양식품을 압도할 가능성도 있어 관심을 가지고 지켜볼 필요가 있습니다.

에스앤디의 불닭볶음면 소스 사례는 일반적인 하청업체의 전형적인 패턴에서 크게 벗어난 경우라 할 수 있습니다. 음식료 산업에서 핵심 원재료를 공급하는 기업이 자사의 핵심 비법을 보호하기 위해 원청 대기업이 추가 공급업체를 선정하지 않는다는 점, 그리고 이로 인해 하청업체가 단가 인하 압력으로부터 자유로울 수 있다는 점을 이 사례를 통해 다시 한번 되새길 필요가 있습니다.

〔**자료 2-17**〕 불닭볶음면의 소스가 해외에서 반응하기 시작한 2024년 이후의 삼양식품과
에스앤디의 주가 흐름

불닭볶음면의 단순 스프 성장 스토리로 시작한 에스앤디가 향후 한국을 대표하는 소스인 고추장을 넘어 전 세계에서 스리라차와 경쟁할 수 있는 제품이 될 수 있는지는 2025년 상반기의 실적에 달려 있다고 보여집니다. 만일 이 같은 전망이 실제로 현실화된다면 지금까지의 주가 상승은 1부에 그치고 또 한 번의 상승랠리를 보이는 2부 주가 상승 또한 가능해질 수 있습니다. 그러니 향후 에스앤디의 주가 흐름을 주의 깊게 지켜보는 것은 물론, 이와 유사한 구조를 가진 사례가 등장할 경우 주저 없이 과감한 장기 투자에 나설 수 있도록 준비해야 할 것입니다.

레인보우로보틱스
삼성전자를 최대주주로 맞아 환골탈태

대한민국에서 가장 큰 기업은 두말할 나위 없이 삼성전자입니다. 반도체, 디스플레이, 스마트폰 분야에서 세계적으로 높은 시장 점유율을 확보하고 있으며, 글로벌 IT 산업에서도 손꼽히는 위상을 자랑합니다. 삼성전자로부터 투자를 받는 중소기업은 기술력과 성장 가능성을 인정받았다고 볼 수 있어 그 기업에 대한 주식시장의 관심이 폭발적으로 증가하는 경향이 있습니다.

다만 과거 삼성전자가 LCD 장비 업체들의 지분을 약 10% 인수했던 사례들을 보면, 추가적인 투자나 협력 없이 단순 지분 보유에 그친 경우도 있었습니다. 이후 삼성전자가 해당 지분을 매각하면서 주가가 급락했던 사례도 있어, 단순히 삼성전자가 일부 지분을 매입했다는 이유만으로 지속적인 성장을 확신하기는 어렵습니다.

레인보우로보틱스는 카이스트(KAIST)의 Hubo Lab 연구진이 2011년 창업한 로봇 전문 기업입니다. 일본을 대표하는 로봇이 혼다의 아시모라면, 한국을 대표하는 로봇은 휴보(Hubo)였습니다. 이 때문에 레인보우로보틱스는 상장 당시부터 시장의 높은 관심을 받았습니다.

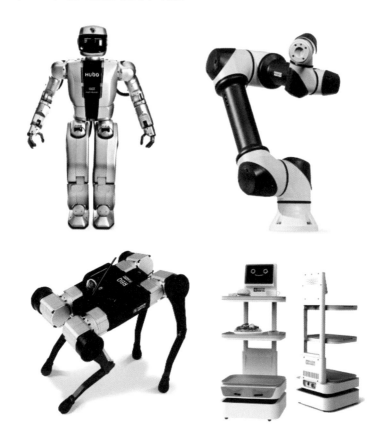

　　2023년 1월, 삼성전자는 3자 배정 유상증자*를 통해 레인보우로
보틱스의 신주 194만 주를 확보했습니다. 이어 같은 해 3월, 기존 대
주주 및 특수관계인의 지분을 추가로 매입할 수 있는 콜옵션* 계약을

체결하며 향후 지분 확대를 위한 발판을 마련했습니다. 이 소식이 전해지자 레인보우로보틱스의 주가는 폭등했습니다. 삼성전자가 최초로 지분을 매입한 지 불과 두 달 만에 주가는 4배 이상 상승하는 강세를 보였습니다.

로봇 산업이 본격적으로 성장하는 시점에서 국내 최대 기업인 삼성전자가 KAIST 연구실에서 출발한 레인보우로보틱스에 지분을 투자한 것은 명확한 모멘텀 투자 전략이라고 볼 수 있습니다. 더불어 주가가 단기간에 급등한 만큼 투자자들이 적절한 매도시점을 찾는 것도 비교적 수월했습니다. 모멘텀 투자자의 관점에서 보면, 삼성

> * **3자 배정 유상증자:** '유상증자'란 기업이 돈을 받고(유상) 새롭게 주식을 발행(증자)하는 것을 의미함. 유상증자는 일반공모, 주주배정, 3자 배정 방식으로 나뉘는데, 이 중에서 3자 배정 유상증자는 불특정 다수가 아니라 특정한 제 3자(한 명 또는 소수의 기업/개인)에게만 새로 발행한 주식을 지정해서 주는 방식임
>
> * **콜옵션:** 미래의 일정 시점에 정해진 가격(행사가격)으로 어떤 자산(주식)을 살 수 있는 권리를 말함. 말 그대로 권리이며 의무는 아니기 때문에 매수자가 권리를 행사할 수도, 포기할 수 있어 매수자의 선택에 따라 실제 계약의 성사가 결정됨

전자가 레인보우로보틱스의 지분을 취득한 2023년 1월 3일이 첫 번째 매수 타이밍이었습니다.

그 후 2년이 지난 2024년 12월 31일, 삼성전자는 콜옵션으로 보유한 권리 844만 주 중 47%에 해당하는 393만 주를 매입하며 총 지분율을 35%까지 확대했습니다. 이를 통해 레인보우로보틱스의 최대주주로 올라섰으며, 이후 공정거래위원회에 기업결합 심사*를 신

[자료 2-19] 삼성전자의 레인보우로보틱스 주식 취득 요약

날짜	내용	주식 수	가격	지분율	총 지분율
2023-01-03	제3자 배정 유상증자	194만 주	30,400	10.2%	10.2%
2023-03-15	최대주주 변경을 수 반하는 콜옵션	844만 주			
2023-03-16	특별관계자 지분 장 외 매입	91만 주	30,400	4.8%	15.0%
2024-12-31	콜옵션 일부 행사	393만 주	67,471	20.3%	35.0%

청해 승인까지 일사천리로 진행했습니다. 이는 삼성전자가 단순한 지분 투자를 넘어 로봇 산업에 본격적으로 진출할 것임을 공식적으로 선언한 셈입니다.

> *** 기업결합 심사:** 공정거래위원회가 기업들 간의 인수, 합병, 지분 취득 등 기업결합 행위가 시장에서 공정한 경쟁을 해치지 않는지를 사전에 검토·심사하는 제도

앞서 언급한 LCD 장비 업체 사례와 달리, 레인보우로보틱스는 삼성전자의 핵심 성장 동력으로 자리 잡았습니다. 이는 단순한 전략적 투자를 넘어 삼성전자의 로봇 산업 확장을 위한 중요한 이정표가 될 것으로 보입니다.

과거 삼성전자는 LCD 장비 업체들의 지분을 10%가량 인수한 뒤 추가적인 액션 없이 시간이 지나 지분을 매각한 사례가 있었습니다. 그러나 이번 레인보우로보틱스 투자에서는 전혀 다른 양상을 보였습니다. 삼성전자가 단순한 지분 투자에 그치지 않고, 레인보우로보틱스를 미래 성장 동력의 핵심 파트너로 선정하며 적극적인 행보를

[자료 2-20] 삼성전자의 콜옵션 행사 이후 레인보우로보틱스의 주가 흐름

보이고 있기 때문입니다.

삼성전자의 최대주주 등극은 모멘텀 투자자들에게 두 번째로 명확한 진입 시점이 되었습니다. 삼성전자가 최대주주로 올라선 것은 물론 테슬라를 비롯한 글로벌 빅테크 기업들이 로봇 산업에 사활을 걸고 있는 시점이었기 때문에 이는 모멘텀 투자자들이 놓칠 수 없는 절호의 기회였습니다.

실제로 [자료 2-20]에서 보듯 콜옵션을 행사한 다음 날인 2025년 1월 2일, 레인보우로보틱스 주가는 개장과 동시에 상한가로 출발했습니다. 장중에 잠시 상한가가 풀리기도 했으나, 곧 다시 상한가로 마감했습니다. 이후 지속적인 상승세를 기록하며 한 달 만에 약

290%의 상승률을 보였습니다. 삼성전자의 최대주주 등극이라는 강력한 호재가 있었던 만큼, 이날은 상한가로라도 매수해야 했던 시점이었습니다.

만약 상한가 때문에 레인보우로보틱스의 그날 매수를 망설였다면, 다음 날 515만 주의 대량 거래가 발생한 순간이 또 하나의 중요한 매수 타이밍이었습니다. 이는 강력한 재료와 함께 평소 거래량(10만 주 내외)의 50배에 달하는 수준인 대량 거래가 발생한 지점이었기 때문입니다.

이 책에서 지속적으로 강조하는 바와 같이, 강력한 재료를 수반하며 대량 거래가 발생하는 순간이야말로 모멘텀 투자의 최적의 매수 타이밍임을 다시 한번 강조합니다.

〔자료 2-21〕 한국의 재벌 기업이 소유중인 로봇 기업의 주가 비교

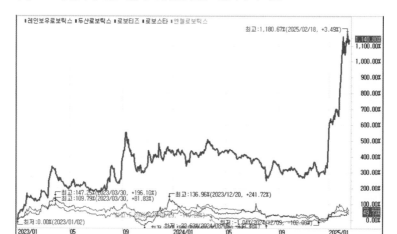

[자료 2-21]에서 보듯 국내에 상장된 로봇 기업들 가운데 재벌 기업의 투자를 받았거나, 대기업과의 비즈니스 연계를 맺은 기업들은 상대적으로 높은 주가 상승률을 보이고 있습니다. 특히 레인보우로보틱스는 삼성전자의 투자를 받으면서 압도적인 주가 상승률을 기록했습니다.

* **캡티브 마켓:** Captive Market. 일반적인 의미와 주식시장에서의 의미에는 약간의 차이가 있음. 일반적인 캡티브 마켓이란 소비자가 선택할 대체재가 없거나, 특정 회사의 제품·서비스에 의존할 수밖에 없는 시장을 의미함. 그러나 주식시장에서의 캡티브 마켓은 같은 계열회사 내에서 일감을 줄 수 있는 대상이 있는지를 의미함

현재 글로벌 로봇 산업의 경쟁이 격화되는 가운데, 기술력을 갖추고 확실한 캡티브 마켓*을 보유한 기업들이 향후에도 좋은 주가 흐름을 이어갈 가능성이 높습니다. 따라서 국내 상장된 로봇 기업 중에서도 대기업의 계열사로 편입되었거나 전략적 협력 관계를 구축한 기업들이 상대적으로 안정적인 주가 흐름을 보일 것으로 예상됩니다.

[자료 2-22]는 국내 상장된 로봇 기업들과 주요 재벌 대기업들의 투자 현황을 정리한 것입니다. 삼성전자는 후발 주자로 가장 늦게 로봇 산업에 진입했지만, 단번에 레인보우로보틱스 지분 35%를 확보하며 최대주주로 올라섰습니다.

SK그룹은 현재까지 비교적 소극적인 투자 행보를 보이고 있습니다. 반면에 LG그룹은 미국의 로봇 기업인 베어로보틱스의 최대주주 지위를 보유하고 있습니다. 또한 LG그룹은 국내 상장된 로보티즈와

기업명	관련 기업	내용	분야
삼성전자	레인보우 로보틱스	최대주주 지분율 35%, 공정위 기업결합 승인	휴머노이드 로봇
SK	유일로보틱스	SK온 3자 배정 유증참여 지분율 13.47%	산업용 로봇
	씨메스	SKT가 6.68% 보유, 비상장 투자	산업용 로봇, 물류
LG	베어로보틱스	최대주주 지분율 51%	상업용 자율주행로봇
	로보티즈	LG전자가 지분율 7.28% 보유	상업용 자율주행로봇
	로보스타	최대주주 지분율 33.4%	산업용 로봇
	엔젤로보틱스	LG전자가 지분율 6.4% 보유	웨어러블 로봇
한화	한화로보틱스	2023년 10월 설립	무인운반차, 협동로봇
두산	두산로보틱스	2015년 7월 설립	산업용 로봇
POSCO	뉴로메카	VC 통해 100억 원 CB 취득, 지분율 약 3.81%	협동로봇
현대차	보스턴 다이내믹스	2021년 6월 그룹 계열사들과 함께 80% 매입	휴머노이드 로봇 AI

로보스타에도 지분을 투자하고 있으며, 특히 로보스타의 최대주주로 자리하고 있어, 국내 대기업 중 가장 적극적으로 다양한 로봇 포트폴리오를 구축하고 있는 것으로 평가됩니다.

한편 현대차그룹은 사실상 글로벌 로봇 기업 중 가장 앞서 있다고 평가받던 보스턴 다이내믹스를 소프트뱅크로부터 지분 80%를 인수하며 로봇 산업에서 독보적인 행보를 보이고 있습니다. 현대차가 인

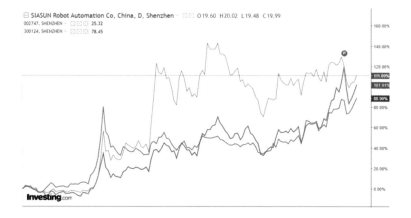

〔자료 2-23〕 중국 로봇 기업들의 주가 현황

수한 보스턴 다이내믹스는 휴머노이드 로봇, 4족 보행 로봇 등에서 가장 진보된 기술력을 보유한 것으로 평가되며, 향후 양산 및 시장 진출 전략에 대해 업계의 관심이 집중되고 있는 기업입니다.

미국 증시에서도 로봇 관련 기업들의 주가가 강세를 보이고 있는 것은 당연한 일인데, 이번 로봇의 상승 사이클에서는 중국의 로봇 기업들이 상당히 강력한 상승세를 보여주고 있습니다. 중국 정부는 '중국제조 2025' 정책을 통해 로봇 산업을 전략적으로 육성하고 있습니다.

중국의 로봇 회사들은 독보적인 내수시장 규모를 이용해 산업용 로봇에서 두각을 나타내고 있습니다. 또한 휴머노이드 로봇* 분야에서도 미국을 추월하려는 움직임을 보이고 있습니다. 로봇 산업에 대한 강한 성장 기대감을 반영하며, 시아순(SIASUN)을 비롯한 주요 로봇 기업들이 최근 100% 이상의 주가 상승률을 기록하고 있는 상황입니다. 이러한 상황은 국내 로봇 기업들의 주가 움직임과도 높은 상관관계를 가질 것으로 추정되기 때문에 관심 있게 추적해야 할 것으로 보입니다.

* **휴머노이드 로봇:** '휴머노이드(humanoid)'는 '인간과 비슷한'이라는 의미임. 인간처럼 생겼거나, 인간처럼 행동하는 로봇, 모양이나 움직임·기능이 사람과 비슷한 로봇을 의미함

- 알테오젠 : 강력한 셀온을 이겨낸 더 강력한 계약
- 올릭스 : 시가총액보다도 더 큰 LO 계약규모

CHAPTER 3

대형 라이선스 아웃을 통해 퀀텀 점프한 바이오 기업

알테오젠
강력한 셀온을 이겨낸 더 강력한 계약

바이오 기업 관련 공시는 일반적인 투자자들이 해석하기엔 어렵습니다. 특히 임상 시험 진행 또는 결과 데이터 관련 공시의 경우 읽어도 도통 무슨 말인지, 심지어 어떤 경우에는 호재인지, 악재인지도 헷갈리는 경우가 있을 정도로 어려운 용어들이 등장합니다. 따라서 바이오 기업들의 경우 공시 이후에 주가가 요동치는 경우가 흔합니다.

2024년 2월 22일 바이오 대장주 중 하나였던 알테오젠의 주가가 장중에 요동쳤습니다. 오후에 나온 라이선스 아웃*(License out, LO) 공시 때문이었습니다. [자료 2-24]에서 보듯 그날 하루의 장중 고점과 저점의 폭이 20%에 달했습니다. 겨우 한 시간 안에 이뤄진 주가 변동성이었고, 공시가 나온 직후엔 −9%선까지 하락하며 주가가 급락과 급등을 반복했지만, 결국 종가는 전일 대비 11.82% 상승한 채로 장중 고점으로 마감했습니다.

바이오 기업의 공시는 정말 자세히 읽어야 하며, 그 순간 바로바로 검색을 해봐야 합니다. 요즘은 챗GPT 등 다양한 AI 기반 프로그램을 활용하면 예전에 비해 훨씬 더 빠르게 정확한 정보를 접할 수

〔자료 2-24〕 2024년 2월 22일 알테오젠의 분봉차트

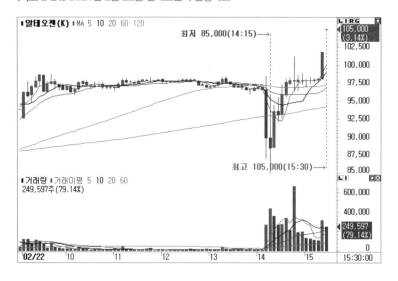

있습니다. 일반인 투자자들에겐 접근성이 크게 개선되었다고 볼 수 있습니다.

알테오젠의 공시 내용을 살펴보면 일반적인 LO의 공시와는 사뭇 다릅니다. 일단 '이전의 계약'이 있습니다. 이전의 계약은 공시의 하단부에 연결되어 있는데, 그 내용을 체크해보면 2020년 6월 24일에 기술 이전 계약 공시가 있었으며 그 공시에는 "계약 상대방이 글로벌 10대 제약사라고 비공개"되어 있고 "계약금 1,600만 달러"에 "마일스톤* 기술료에 대한 구체적인 금액"은 명시되지 않았습니다. 더불어 "비독점적 라이선싱 계약"이라고 명시되어 있습니다.

하지만 이번 공시에는 "계약 상대방 머크(MSD)"라고 분명히 명시되어 있고, 이전 계약금에 추가로 이번 계약 갱신에 대한 "계약금이 2,000만 달러"라고 공시했습니다.

> * **마일스톤:** 바이오 산업에서 마일스톤이란 임상 시험이나 연구 개발 과정 등 중요한 이정표나 목표지점을 의미함. 주로 기술 이전 계약, 제약사와의 협력 계약, 투자 계약 등에서 중요한 개념으로 사용됨. 연구개발 프로젝트를 단계별로 관리하기 위해 마일스톤을 설정하기도 함

추가 계약임에도 불구하고 계약금이 이전 대비 상승해 있음을 볼 수 있으며, "마일스톤의 최대 금액이 약 4.32억 달러"라고 표기되어 있는데 이 또한 이전의 계약이 아닌 이번 계약에만 해당하는 최대 마일스톤으로 적혀 있습니다.

또한 "독점적 라이선스" 사용권을 부여한다는 점과 마일스톤 종

료 이후 "판매 로열티의 수취"까지 구체적으로 공시되었습니다. "인간 히알루로니다제 원천 기술"이라는 어려운 의학 용어를 제외하면 모든 내용이 좋습니다.

이날 공시 이후 주가가 요동을 친 것은 암암리에 소문이 나서 선취매했던 물량이 공시와 함께 셀온의 액션을 취했기 때문으로 보이나, 급격하게 매수하는 스마트 투자자들로 인해 주가가 급등하는 것을 보고, 이미 매도한 세력들은 후회했을 것입니다. 이 같은 사실을 구체적으로 기억한다면 우리는 후회하는 투자자보다는 스마트한 투자자들로 발전해갈 것이라 믿어 의심치 않습니다.

바이오 기업들의 꿈은 LO입니다. 물론 임상 3상을 마치고 제품을 상용화해서 선진시장에서 직접적인 매출을 올리는 것이 가장 좋은 경우겠으나, 이는 엄청난 비용적·물리적 시간이 들기 때문에 바이오 벤처 기업들이 대부분인 국내 상장기업들은 이 단계까지 가는 것이 쉽지 않습니다.

따라서 대부분의 바이오 기업 투자자들은 국내 바이오 기업들의 LO를 기다리며 투자하는 것이 일반적 경우입니다. 하지만 LO 계약에 따라서 주가가 급등하기도 하고, 때론 급락하기도 하기 때문에 많은 투자자들이 바이오 투자를 기피하거나, 투기적 심리에 기반한 투자자가 다른 산업 대비 많은 편으로 추정됩니다.

본 변경계약은 2020년 6월 24일자로 MSD와 체결한 '인간 히알루로니다제 원천 기술(ALT-B4) 비독점적 라이선스 계약(이하 '원계약')'의 계약조건을 일부 수정해 합의한 변경계약임.

 1. 계약 상대방: MSD International Business GmbH

 2. 계약변경의 주요 내용

  1) 특정제품군에 대한 독점적 사용권 부여

  MSD가 ALT-B4를 첨가해 개발중인 Pembrolizumab제품군에 한정해 독점적 라이선스 사용권을 부여함. Pembrolizumab제품군 이외의 개발 품목은 원계약의 적용을 받음.

  2) 변경계약 signing fee의 수취

  변경계약의 체결 후 US$ 20,000,000(267.0억 원)를 변경계약 합의의 대가로 수취하기로 함(직전 사업년도 연결기준 매출액 28,806,344,498원 대비 92.7% 해당)

  3) 마일스톤 대금의 추가

  Pembrolizumab제품군의 품목허가, 특허연장 및 누적순매출에 따른 마일스톤을 원계약대비 최대 US$ 432,000,000을 증액해 수취하기로 함

  4) 상업판매에 따른 로열티 수취 조건의 추가

  Pembrolizumab제품군의 최종 누적순매출 마일스톤의 대금 수취가 종료된 이후, 매년 Pembrolizumab제품군의 판매금액(순매출)의 일정비율에 해당하는 판매 로열티를 특허유효기간 동안 수취하기로 함

 3. 그 이외의 계약조건: 원계약과 동일함

바이오 기업들의 LO 계약 공시에서는 다음의 사항이 가장 중요합니다.

- 계약 상대방
- 총 계약 규모 및 계약금
- 독점적 계약 여부
- 상업판매에 따른 로열티 수취

첫째, 계약 상대방을 살펴야 합니다. 계약 상대방은 클수록 좋습니다. 흔히 말하는 빅파마*에 LO되는 경우가 가장 최상의 케이스입니다. 하지만 일반인들에게 생소한 해외 기업이라면 해외 기업들의 시가총액 규모나 매출 규모를 검색해보면 됩니다. LO한 국내 기업에 비해 시총 규모가 10~20배 이상이며 시총 수십조 원인 회사가 계약 상대방이면 호재라고 볼 수 있습니다. 간혹 국내 소규모 기업들끼리 LO 계약을 주고받는 경우가 있는데, 이때 주가가 상승하는 경우는 거의 없다고 보면 됩니다.

> * **빅파마:** Big pharmacy. 글로벌 제약산업에서 영향력이 아주 큰 초대형 제약회사들을 통칭하는 단어임. 보통 매출, 규모, 기술력, 신약 개발 능력, 로비력 등이 전 세계적으로 가장 큰 제약회사들을 말함. 예를 들어 일라이릴리, 화이자, 존슨앤존슨, 로슈, 사노피, 노바티스, 머크, 아스트라제네카 등이 있음

둘째, 총 계약 규모와 계약금을 자세히 살펴봐야 합니다. 총 마일스톤은 크면 클수록 좋습니다. 하지만 총 마일스톤 대비 계약금이 현저하게 작은 경우가 있고, 더불어 계약금 지급 명시 기간도 몇 개월씩 이후인 공시들을 볼 수 있는데, 이는 정상적인 계약이 아닌 것으로 의심해볼 수 있습니다. 일반적으로 계약금은 30~45일 이내 지급하며, 계약금은 총 마일스톤 대비 5~10% 선에서 책정됩니다.

셋째, 독점적 계약일수록 좋습니다. 물론 국내 바이오 기업이 독점적 지위를 선점하는 게 쉽지 않지만, 선점했다면 매우 좋은 케이스입니다. 서로에게 독점적 지위를 인정받는 것은 해당 바이오 기업이 빅파마로부터 기술력을 확실히 인정받은 것이라 평가할 수 있고, 이는 차후 과정이 진행되는 와중에 실패의 확률이 그만큼 줄어든다는 점에서 투자자에게는 리스크를 줄일 수 있는 좋은 안정장치입니다.

넷째, 상업판매에 따른 로열티 수취입니다. LO를 통한 현금 유입을 통해 새로운 제품 개발, 파이프라인*을 확대할 수 있다는 점에서 바이오 기업들에게 LO는 큰 의미가 있습니다. 이에 더해 제품 판매를 통한 로열티 수취까지 가져간다면 바이오 기업이 장기적으로 영속적인 성장을 할 수 있는 계기가 된다는 점에서 긍정적입니다. 계

> *** 파이프라인**: Pipeline. 제약/바이오 기업이 현재 개발중이거나 앞으로 개발할 예정인 신약 후보 물질들의 목록을 일컫는 단어임. 일반적으로 신약 개발에는 10년 이상이 소요되고 그 비용 또한 수천억 원이 들어가기 때문에 제약/바이오 기업의 가치를 평가할 때 이 파이프라인 분석을 통해 기업의 적정 가치를 측정함

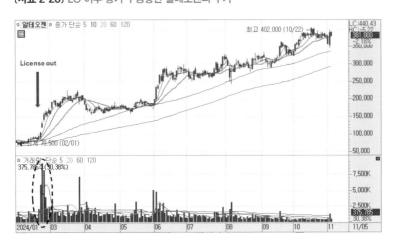

약 상대방이 추가적으로 로열티까지 신경 써준다는 것은 빅파마 입장에서 해당 바이오 기업과의 계약을 더욱 높이 평가하고 있다는 방증이어서 긍정적이라고 평가할 수 있습니다.

위에서 언급한 4가지 사항을 명심한다면, 바이오 기업의 LO 이벤트가 발생했을 때 시장의 셀온을 이겨내고 주가가 장기 우상향할 수 있는 기업의 주식을 싸게 살 수 있는 타이밍을 잡을 수 있을 것입니다.

더불어 바이오 기업, 특히 LO 계약 공시 다음 날에 나오는 증권회사들의 리포트는 반드시 챙겨서 봐야 합니다. 한 곳의 리포트에만 전적으로 의지하지 말고 가급적 다양한 증권사에서 나온 리포트를 살펴봐야 합니다.

특히 목표주가를 아주 높게 책정하고 제목이 긍정적인 리포트들은 당연히 눈이 가겠지만, 같은 사안을 가지고 목표주가를 가장 낮게 잡고 제목에서 뭔가 리스크를 암시하는 것 같은 리포트를 반드시 챙겨봐야 합니다. 바이오 기업 특성상 개인이 챙길 수 없는 리스크를 지적하는 리포트들이므로, 보유하고 있는 기업에 대해 나쁘게 평가했다고 평가절하할 것이 아니라 오히려 챙겨봐야 하는 것입니다.

올릭스
시가총액보다도 더 큰 LO 계약규모

2025년 2월 7일 장 마감 이후 올릭스는 하나의 공시를 하게 됩니다. 앞서 알테오젠에서 언급했던 바이오 기업들의 LO공시에서 반드시 체크할 것들 위주로 살펴보겠습니다.

[자료 2-27]을 보면 계약 상대방은 일라이릴리입니다. 글로벌 빅파마 중 가장 큰 시가총액을 보이는 기업 중 하나입니다. 독점적 라이선스*를 부여한다는 점도 긍정적으로 평가할 수 있

> *** 독점적 라이선스:** 어떤 기술, 특허, 콘텐츠 등을 사용할 수 있는 권리를 특정한 한 회사에게만 독점적으로 주는 계약을 의미함. 주식시장에선 호재로 작용하는 경우가 많음

[자료 2-27] 2025년 2월 27일 올릭스의 기술이전 계약 체결 변경 공시

1) 계약상대방 : Eli lilly and company (이하 릴리)

　- 국적 : 미국

　- 설립일자 : 1876.05.10

　- 최근사업연도(2023) 매출액 : USD 34,124M

2) 계약의 내용

　- 올릭스는 OLX75016에 대한 임상 1상 활동을 계속해 완료하고 릴리는

　　기타 연구, 개발, 상업화를 수행함

　- 계약체결 후 올릭스는 릴리에게 독점적 라이선스를 부여함

3) 계약체결일 : 2025년 2월 7일

4) 계약기간 : 계약체결일~제품 로열티 기간 만료일

5) 계약지역 : 전 세계

6) 계약금액 : 총 USD 630,000,000(911,673,000,000원)

　- 계약체결로 인해 받는 선급금 및 이후 라이선스 계약에서 발생하는 개발

　　마일스톤 금액과 상업화 마일스톤 금액을 합한 금액임

습니다. 계약에 수반되는 사이닝 피*가 구체적으로 적혀 있지 않은 것이 아쉬운데, 선급금과 마일스톤까지 총 합한 금액이 약 9,117억 원입니다. 당일 종가 기준(선반영이었는지, 당일에도 이미 종가 기준 21% 주가 상승이 있었습니다)으로 올릭스의 시가총액은 약 3,820억 원이었습니다. 이번에 나온 총 LO 계약 규모가 9,117억 원이니, 시가총액의

대략 2.8배가 되는 대형 계약입니다.

앞서 알테오젠의 총 계약 규모가 대략 '1.4조 원+알파(알파는 매출에 따른 로열티라 정확한 계산이 어려운 상황이지만 연 4천억 원으로 추정. LO가 나오기 전날 기준의 알테오젠 시총은 대략 5조 원)'인 것을 감안하면, 단순 계산상으로 볼 때 올릭스의 LO는 시가총액과 총 마일스톤의 규모가 알테오젠에 비해 훨씬 큰 대형 계약인 것으로 평가할 수 있습니다.

시총 대비 2.8배의 LO가 나온 상황이기 때문에 이미 다음 날의 점상한가는 충분히 예상했었으나, 실제로는 더욱 강력했습니다. 이틀 연속 점상한가를 기록했고, 삼일 째에도 대량거래를 수반하며 상한가로 시장을 마감했습니다.

이 경우에는 LO 발표 전일에 이미 평소 거래량의 2~3배 이상의 거래량이 터지며 21% 주가가 상승한 덕에 오랫동안 손실을 보던 이른바 '썩은 매도 물량'*들이 하루 전에 미리 정리되었기 때문으로 추정됩니다.

> * **사이닝 피:** Signing Fee. 바이오 LO 계약에서 초기 선급금으로 받는 계약금을 의미함. 일반적으로 5% 내외인데, 시장에서는 계약금이 클수록 계약에 대한 고객의 진실도를 측정하기도 함. 반대로 계약금이 없는 구조에 대해서는 신뢰도가 떨어지는 것이 일반적 현상임

> * **썩은 매도 물량:** 매도 호가에 오래 쌓여 있는, 잘 소화되지 않는 (체결되지 않는) 매도 주문 물량이라는 사전적 의미가 있음. 하지만 일반적으로는 거래량이 없어 주가가 추세적으로 장기 하락했다가 반등하는 주가에 손절하기 위해서 나오는 매도세를 일컬음

올릭스의 경우 [자료 2-29]에서 보이는 것처럼 이번 LO뿐만 아
니라 지속적으로 다양한 형태의 계약들을 체결하고 있는 상황이기
때문에, 현재 진행중인 기술이전 계약과 보유중인 파이프라인들을
지속적으로 체크하면서 향후의 주가 흐름을 유심히 살펴볼 필요성
이 있을 것으로 판단됩니다. 앞으로 올릭스에 대한 지속적인 관심이
필요합니다.

〔자료 2-29〕 올릭스의 시가총액과 이벤트 차트

(십억 원)

- 2019.03 프랑스 떼아와 황반변성 치료제 OLX301A 기술이전 계약 체결(선급금 €2mn, 마일스톤 €43.5mn)
- 2020.11 유무상증자 결정
- 2020.12 GalNAc-siRNA기술 적용 HBV 억제 후보물질 특허 출원
- 2023.09 비만치료제 OLX702A 영장류 실험 중간 결과에서 체중 감소 효과 확인
- 2025.02 일라이 릴리와 OLX75016(OLX702A, 임상 1상) 공동개발 및 라이선스 계약 체결($630mn)
- 2023.03 미 AMC로부터 GalNAc-siRNA 기술 글로벌 독점권 기술도입
- 2024.06 떼아 오픈 이노베이션으로부터 안질환 치료제 후보물질 권리 반환

출처: 유진투자증권

〔자료 2-30〕 올릭스의 파이프라인 현황

분야	프로그램	적응증	Platform Development	Discovery	Animal POC	Preclinical	Clinical	비고
SKIN	OLX101A	비대흉터						
	OLX104C	탈모					(미국) Phase 2	
							(호주) Phase 1	
EYE	OLX301A	건성 황반변성 및 습성 황반변성						
	OLX301D	망막하 섬유화증 및 습성 황반변성					(미국) Phase 1	
	OLX304C	망막색소변성증						
Liver	OLX702A	대사이상 지방간염(MASH)/비만						Eli lilly and company
	OLX703A	B형 간염(HBV)					(호주) Phase 1	
	OLX706A	심혈관 질환						한소제약 (Greater China)
	OLX706B	대사성 질환						한소제약 (Greater China)
	OLX706C	심혈관 질환						한소제약 (Greater China)
	OLX702N/P	비만						
	OLX702R	고혈압						
LUNG	OLX201A	특발성 폐섬유화						
CNS & Oncology	OLX801A	면역항암제						
	OLX401A/B	신경병성통증						
	OLX402	뇌 질환						

출처: 올릭스

- HD현대일렉트릭 외 : AI가 촉발한 글로벌 전력 인프라 수요 급증
- 한화에어로스페이스 외 : K방산 인기에 더해진 트럼프발 각자도생
- HD현대중공업 외 : 신규 수주 모멘텀에 더해진 미 함정 모멘텀

CHAPTER 4

전 세계적인 흐름을 탄
주도주에는
반드시 올라타라

HD현대일렉트릭 외
AI가 촉발한 글로벌 전력 인프라 수요 급증

돌이켜 생각해보면 2023~2024년 사이는 이른바 텐베거*가 심심찮게 나온, 그야말로 '대(大)주식의 시대'였습니다. 텐베거 주식은 '신기술' 산업에서 나오는 경우가 일반적입니다. 단기 실적이 수치화되지 않기 때문에 주가가 끝도 없이 오르더라도 흔히 말하는 PER(price to earning ratio)나 PBR(price

> *** 텐베거:** Tenbagger. 피터 린치가 만든 투자 용어로, 야구의 루(bags)에서 영감을 받은 것으로 알려져 있음. 1루타, 2루타, 3루타, 홈런이 있지만, 그 이상의 개념이 필요했던 피터 린치가 '10개의 베이스를 밟았다'는 식으로 표현한 단어임. 일반적으로 '10배 오른 주식'을 일컬음

to book-value ratio)로 환산할 수조차 없습니다. 그래서 주식 시장의 투자자들이 있는 힘껏 꿈을 꿀 수 있는 수준까지 올라 텐베거가 나오는 게 일반적인 현상입니다.

하지만 최근에는 완전 전통 산업* 이라고 볼 수 있는 전선·전력기기 산업에서 텐베거가 등장하는 기현상이 벌어졌습니다. 그중에서도 대장주는 HD현대일렉트릭이었고, LS Electric 과 효성중공업이 다 같이 실적 성장을 동반하는 매우 큰 폭의 주가 상승을 보였던 시기가 2023~2024년이 었습니다.

> * **전통 산업:** 오래전부터 존재해 온 산업으로, 기술 변화에 관계없 이 꾸준히 유지되어온 기초재·소 재·제조 중심의 산업군을 말함. 예시로는 음식료, 섬유/의복과 같 은 제조업 등을 들 수 있음

사실 전력기기는 그야말로 '꾸준히'만 성장하던 산업이었기 때문에 화끈한 실적 성장을 보여주는 산업에 비해 상대적으로 주식시장에서 인기가 없었습니다. 하지만 2022년 하반기부터 상황은 달라지기 시작하며 본격적인 호황 사이클로 접어들게 되었습니다.

1980~1990년대에 전력기기 교체에 대한 집중 투자로 인해 늘어난 수요로 호황 사이클이 시작되었습니다. 이후에는 탄소 중립 정책들의 확장과 IT기업들의 데이터 센터*에 대한 본격적인 투자로 호황을 이어갔는데, 이

> * **데이터 센터:** 데이터(정보)를 저 장·처리·관리·유통하는 서버 컴 퓨터들이 모여 있는 초대형 시설 을 뜻함. 인터넷 또는 클라우드 서버 기업들이 보유하거나 임대 해 사용함

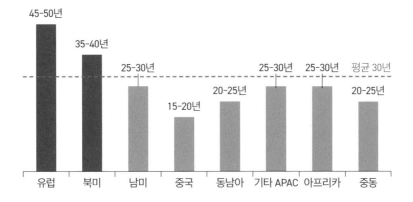

〔자료 2-31〕 글로벌 전력망의 평균 내용연수 추정치

는 2022년 11월에 처음 등장한 챗GPT를 필두로 한 AI(인공지능)의 등장도 크게 한몫한 것으로 보입니다.

[자료 2-31]에서 보듯이 유럽과 북미의 전력망들은 이미 전력망의 평균 수명을 훌쩍 뛰어넘기 시작했고 수명이 다한 시점에 각종 IT기업들이 챗GPT로 촉발된 인공지능 서비스 경쟁으로 인해 막대한 양의 신규 전력수요가 창출되었습니다. 이는 곧 전 세계적으로 전력기기의 수요를 폭발시키며 엄청난 주가 상승으로 이어지게 됩니다.

[자료 2-32]에서 보듯 국내뿐 아니라 전 세계적으로 전력기기 관련 업체들의 주가가 급등했습니다.

출처: 각 사, investing.com

　2023년부터 국내 전력기기 업체들은 서서히 수주잔고*가 증가하기 시작하더니 2024년에는 그 증가폭이 더욱 커지면서 본격적인 실적이 증가했고, 이에 따라 [자료 2-33]에서 보듯 주가 상승이 시작되었습니다. 그중에서도 대장은 실적 증가와 수주잔고가 폭발적으로 증가한 곳은 해외 매출 비중이 높은 HD현대일렉트릭이었습니다.

* **수주잔고:** 기업이 수주한(고객으로부터 주문을 받은) 일 중에서 아직 완료되지 않은 작업이나 인도되지 않은 제품, 즉 앞으로 수행해야 할 주문의 금액이나 수량을 의미함. 쉽게 말해, 기업이 현재 확보한 '일감'의 총량이라고 볼 수 있음. 수주잔고가 증가하면 향후 기업의 실적이 증가할 것이라고 예상함

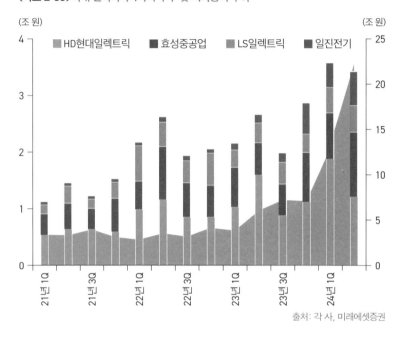

〔자료 2-33〕 국내 전력기기 4사의 수주 및 시가총액 추이

(조 원)

■ HD현대일렉트릭　　■ 효성중공업　　■ LS일렉트릭　　■ 일진전기

(조 원)

21년 1Q　21년 3Q　22년 1Q　22년 3Q　23년 1Q　23년 3Q　24년 1Q

출처: 각 사, 미래에셋증권

이처럼 섹터(Sector) 전체가 해외발 수혜로 본격적인 상승을 시작할 경우에는 해당 지역의 매출 비중이 가장 높은 기업에 주목해야 할 필요성이 있고, 이 기업의 주가 상승이 가장 두드러지며 그 상승 사이클이 가장 오래 지속되는 것이 일반적인 경우입니다. 이번 전력산업의 성장 사이클의 시작은 해외 IT기업들의 투자가 시발점이 되었고, 해외 수출 비중이 가장 큰 HD현대일렉트릭이 자연스레 대장주가 된 셈입니다.

〔자료 2-34〕 HD현대일렉트릭의 분기와 연간 수주 및 수주잔고 추이 （백만불, %）

	2021				2022			
	1Q	2Q	3Q	4Q	1Q	2Q	3Q	4Q
분기 수주	415	490	493	458	758	891	655	656
qoq	41.6	18.1	0.6	-7.1	65.5	17.5	-26.5	0.2
yoy				56.3	82.7	81.8	32.9	43.2
연간 수주				1,856				2,960
yoy								59.5
분기말 수주잔고	1,532	1,633	1,848	1,798	2,100	2,515	2,770	2,713
qoq	10.1	6.6	13.2	-2.7	16.8	19.8	10.1	-2.1
yoy				29.2	37.1	54.0	49.9	50.9

	2023				2024			
	1Q	2Q	3Q	4Q	1Q	2Q	3Q	4Q
분기 수주	796	1,232	677	859	1,438	880	707	791
qoq	21.3	54.8	-45.0	26.9	67.4	-38.8	-19.7	11.9
yoy	5.0	38.3	3.4	30.9	80.7	-28.6	4.4	-7.9
연간 수주				3,564				3,816
yoy				20.4				7.1
분기말 수주잔고	3,050	3,723	3,967	4,302	5,076	5,252	5,399	5,541
qoq	12.4	22.1	6.6	8.4	18.0	3.5	2.8	2.6
yoy	45.2	48.0	43.2	58.6	66.4	41.1	36.1	28.8

출처: HD현대일렉트릭, LS증권 리서치센터

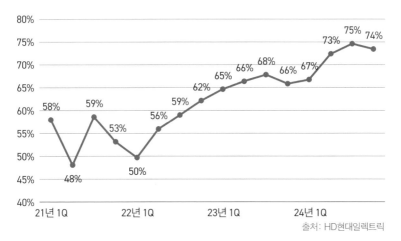

출처: HD현대일렉트릭

[자료 2-34]를 살펴보면 HD현대일렉트릭은 2022년부터 신규 수주가 증가하기 시작해서 2023년에는 그 추세가 유지되었고, 2024년에는 그 수주잔고가 5천억 원을 넘어갔습니다. 더 이상 신규 수주를 받기 버거울 정도로 회사가 호황을 누리며 텐베거로서 2년 넘게 이어온 상승 사이클의 정점을 찍은 상태입니다.

이번 전력기기 산업의 상승 사이클은 그 동안 시장에서 크게 선호하지 않았던 전통 산업에서 나타난 상승 사이클이었고, 상승 사이클이 2년 이상 유지되었다는 점이 인상적이었습니다. 특히 이런 수주 기반 산업의 경우 매 분기 실적 결과를 체크하는 것도 중요하나, 매출액 이상의 신규 수주를 기록하며 이에 따른 수주잔고 증가가 꾸준

[자료 2-36] HD현대일렉트릭의 2024년 경영 성과와 2025년 전망

'24년 실적 요약

수주: 경영계획 대비 0.73억 불 초과 달성한 38.16억 불 수주 (수주잔고 55.4억 불)

매출: 전년대비 22.9% 증가한 3조 3,223억 원 기록

영업이익: 전년대비 112.2% 증가한 6,690억 원, OPM 20.1% 기록

'25년 경영 계획

수주 38.22억 불, 매출 3조 8,918억 원으로 '24년에 이어 지속적인 성장 목표

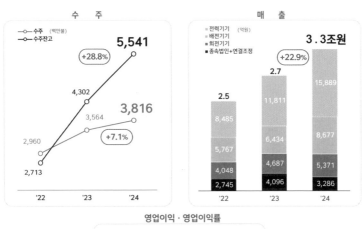

※수주잔고: 기납품액(매출인식 분)을 제외한 금액 기준 　　　　　 출처: HD현대일렉트릭

하게 유지되는지를 체크하는 것이 가장 중요한 포인트라고 할 수 있습니다.

2025년 상반기 기준으로 HD현대일렉트릭의 상승 사이클은 쉬고 있는 흐름으로 접어들었습니다. 딥시크의 등장으로 AI기반 전력산업 수요 증가에 대한 확신이 의심으로 바뀐 점이 하나의 주된 이유가 되기도 하겠지만, 또 다른 이유는 2025년 1월 20일에 2024년 4분기 실적을 발표하며 발간한 IR자료에서 찾을 수 있을 것입니다.

회사의 IR자료를 보면 2024년의 신규 수주는 38.16억 달러인데, 2025년 수주 전망이 38.22억 달러입니다. 사실상 증가폭이 거의 없습니다.

수요가 감소한 것일까요? 그렇지 않을 것입니다. 앞서 언급한 분기별 누적 수주잔고 표를 살펴보면 2024년 2분기부터 50억 달러를 넘어서면서 수주잔고 증가가 정체되고 있음을 볼 수 있습니다. 사실상 현재 HD현대일렉트릭의 공장이 100% 가동되고 있는 상태라는 것을 추론해볼 수 있습니다. 2024년 4분기 실적발표를 한 같은 날에 HD현대일렉트릭은 자기자본의 20%에 해당하는 신규 시설투자 공시를 했는데 이 또한 위와 같은 추론을 뒷받침하는 것으로 볼 수 있습니다.

기업이 풀 캐파로 가동되고 있다고 해서 실적이 정체되지는 않을 것입니다. 실제로 2025년 매출액 전망치를 전년 매출액 3.3조 원 대비 17% 증가한 3.9조 원으로 잡은 경영 계획을 발표했습니다. 이는 고부가 제품으로의 제품 Mix 개선에 따른 것임이 분명할 것입니다. 이미 풀 캐파로 돌아가고 있으니 고부가 제품을 생산하는 것은 기업의 당연한 선택입니다. 이로 인해 아마도 2025년의 HD현대일렉트릭의 영업이익률은 2024년의 20%보다 개선될 것입니다.

2025년 1월 20일에 발표한 신규 시설투자의 마무리 기간은 2026년 12월 31일인데, 이 기간 전까지는 HD현대일렉트릭의 주가는 과거 2년간 보여줬던 폭발적인 상승보다는 분기별로 발표되는 실적에 영향을 받으며 움직일 가능성이 클 것으로 판단됩니다.

이후에는 앞서 언급했던 것처럼 분기별 수주 금액과 수주잔고를 체크해 두 번째 장기 랠리를 들어갈 수 있을지를 결정할 것입니다.

한화에어로스페이스 외
K방산 인기에 더해진 트럼프발 각자도생

"우리가 왜 한국산 무기를 샀을까요? 이유는 간단합니다. 한국 파트너들이 굉장한 최신 무기를 수개월 안에 공급할 수 있을 것으로 봤습니다. 주문한 뒤 배송되기까지 시한이 1년입니다. (유럽의) 다른 파트너들의 경우, 인도까지 수년이 걸립니다."

이 코멘트는 2025년 3월 6일 벨기에 브뤼셀의 NATO(북대서양 조약기구) 본부에서 폴란드 안제이 두다 대통령이 직접 한 발언입니다. 한국의 무기가 해외에서 어떤 평가를 받고 있는지 너무나도 잘 보여주는 단적인 예입니다.

이 자리에서 폴란드 대통령은 K2 전차, K9 자주포, 천무 등의 명칭을 직접 일일이 거론하며 "한국의 무기가 최고"라고 평가했습니다. 2025년 상반기에 한국 방산기업들의 주가가 폭등하는 이유를 잘 설명해주고 있는 이벤트라고 할 수 있습니다.

러시아와 우크라이나의 전쟁 이후로 폴란드를 비롯한 해외의 국가들이 한국의 무기를 본격적으로 찾아 나서기 시작하면서 K방산업체들의 주가가 하나의 섹터를 이뤄서 강세를 나타내기 시작했습니다. 특히 국토의 대부분이 산악지대인 우리나라에서도 통하는 전차와 자주포들이 세계 각국의 평야 지대로 가서는 그야말로 스펙을 초월하는 상상 이상의 성능을 보여주면서 인기를 끌고 있습니다.

이에 더해 트럼프 2기에 접어들면서 각 나라에게 방위비 분담금*을 요구하는 등 전 세계적으로 트럼프발 각자도생 분위기가 형성됨에 따라 2023년부터 상승하기 시작한 방산업체들의 랠리가 2025년에는 트럼프발 2차 부스터를 달면서 본격적인 랠리를 보이는 중입니다.

> *** 방위비 분담금:** 한국에 주둔한 주한미군의 운영에 필요한 비용 중 일부를 한국이 부담하는 것으로, 한미 간의 협상을 통해 매년 또는 수년 단위로 결정됨. 공식 명칭은 주한미군 방위비 분담금임

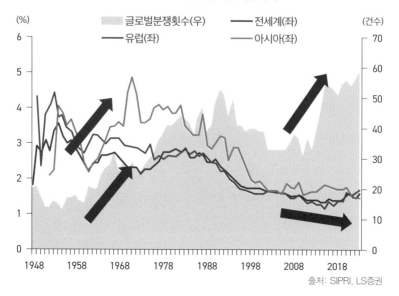

출처: SIPRI, LS증권

[자료 2-37]을 보면 2차 세계대전 이후 국가별 분쟁 횟수가 증가하면서 국방예산도 증가하는 것을 볼 수 있습니다. 그러나 걸프전이후에 미국이 세계 경찰 역할을 확실하게 맡으면서 국가 간 분쟁횟수가 증가함에도 불구하고 국방예산 비중은 꾸준히 감소하는 현상을 볼 수 있었습니다.

하지만 이번 러시아-우크라이나 전쟁에서 미국의 역할이 줄고, 트럼프 정권 2기를 맞이하고 트럼프가 각 국가에게 방위비 분담에 대한 압박을 넣기 시작하면서 향후 적어도 4년간은 그동안 줄이기만했던 국가별 방위비 예산 비중이 크게 상승할 것으로 예상됩니다.

이 같은 현상은 전 세계 주요 방산업체, 특히 유럽 국가들의 방산업체 주가를 크게 상승시키는 촉매 역할을 했고, 3월 19일 독일 의회의 향후 10년간 1조 유로를 방산과 인프라에 투자하는 지출안이 통과되면서 방산 산업은 [자료 2-38]에서 보듯 또 한 번의 랠리를 보이고 있습니다.

이 같은 상황에서 서두에 언급한 폴란드 대통령의 생각처럼 각국에서 K방산 장비에 대한 신뢰도가 높아져가고 있으며, 방산 장비 특성상 빠른 공급 능력은 향후 급변해가는 전 세계 방위시장에서 국산 방산 장비들의 시장 점유율을 높여갈 수 있는 계기가 될 것으로 보입니다.

〔자료 2-38〕 글로벌 주요 방산업체의 2023년 이후 주가 흐름

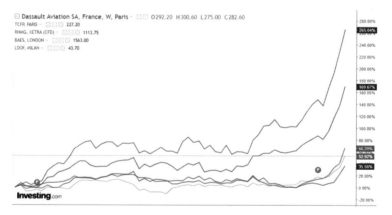

남중국해 국가별 무기체계 수입 국가 순위

	1위	2위	3위	4위	5위
베트남	러시아 (80.8%)	이스라엘 (6.6%)	벨라루스 (3.6%)	우크라이나 (2.3%)	한국 (1.4%)
필리핀	한국 (30.4%)	미국 (23.9%)	이스라엘 (18.8%)	인도네시아 (7.4%)	스페인 (3.8%)
말레이시아	러시아 (28.9%)	스페인 (13.6%)	프랑스 (11.8%)	독일 (8.3%)	영국 (6.7%)
인도네시아	한국 (17.0%)	미국 (14.5%)	러시아 (14.0%)	네덜란드 (12.7%)	영국 (9.2%)
태국	중국 (20.7%)	미국 (17.1%)	우크라이나 (11.0%)	스웨덴 (10.2%)	한국 (9.6%)

출처: SIPRI, LS증권 리서치센터

[자료 2-40] 각 시기별 전 세계 방산 수출 국가 순위

2001-2010			2011-2020			2021-2023		
Rank	국가	점유율	Rank	국가	점유율	Rank	국가	점유율
1	미국	30.0%	1	미국	34.0%	1	미국	43.0%
2	러시아	25.0%	2	러시아	23.0%	2	프랑스	10.0%
3	독일	8.6%	3	프랑스	7.8%	3	러시아	7.0%
4	프랑스	7.2%	4	중국	5.6%	4	중국	6.5%
5	영국	4.7%	5	독일	5.0%	5	독일	6.3%
15	한국	0.7%	12	한국	1.7%	11	한국	1.5%

[자료 2-41] 국내 상장 방산기업들의 2025년 실적 전망치 (단위:십억 원)

구분	매출액		영업이익		매출액 YoY	영업이익 YoY
년도	2024	2025	2024	2025	2025	2025
한화에어로스페이스	12,065	29,677	1,780	2,754	146%	55%
현대로템	4,399	6,076	457	575	38%	26%
한국항공우주	3,634	4,908	241	383	35%	59%
LIG넥스원	3,276	4,337	230	341	32%	48%

출처: FnGuide * 2025년 3월 기준 2월 이후 발표된 리포트만의 컨센서스

각 방산기업별로 주력 사업 품목은 [자료 2-42]와 같은데 간단히 보면 한화에어로스페이스는 K9자주포와 천무 그리고 레드백을 주력 사업으로 하고 있으며, 한국항공우주는 FA50을 비롯한 전투기를, 현대로템은 K2 전차를, LIG 넥스원은 비궁을 비롯한 미사일 방공망을 주력 사업으로 하고 있다고 볼 수 있습니다.

다른 장비들도 성능이 뛰어나긴 하지만 K2와 K9은 전 세계적으로 큰 인기를 끌고 있습니다. K2와 K9은 한국의 험한 산악 지형적 특성과 혹서와 혹한이 반복되는 기후적 특성에 맞춰 개발되었기 때문에 실제 전시에 투입될 경우 기대치를 상회할 만한 성능을 보이면서 해외에서 인기가 갈수록 상승하고 있어 주식시장에서 기대가 높은 편입니다.

이 같은 이유로 2025년 3월 현재 방산주는 국내는 물론 전 세계

[자료 2-42] 2025년 이후 국내 방산업체의 주력 사업 현황

기업	무기	국가	내용
한화 에어로스 페이스	K9	인도	군 현대화 계획의 일환으로 K9 100문 추가 도입 추진
		베트남	올해 2월 베트남 국방장관의 방한을 계기로 K9 도입 관심
		미국	자주포 현대화 사업(SPH-M) 진행, 5개의 후보군 중 하나로 선정
	천무	이집트	이집트 국방생산부(MoMP)와 천무 수출 협상 중
		노르웨이	28년까지 총 16대의 장거리 로켓 도입 계획, 천무 유력 후보
		에스토니아	美 HIMARS 공급 차질에 대한 대안으로 천무 검토
		중동	사우디, UAE 등에서 운용 중으로 추가 구매 논의
	레드백	루마니아	약 300대 규모의 보병전투장갑차량(IFV) 도입 사업 추진
		폴란드, 브라질	IFV 도입 검토, 레드백 후보군 포함
한국 항공우주	FA-50	이집트	36대 규모 수출 협상 진행 중, 26년 계약 체결 기대
		우즈베키스탄	약 1.1 조원 규모의 FA-50 14대 수주 기대
		필리핀	2015년 이후 FA-50 12대 추가 도입 예상
		페루	FA-50 20~40대 수주 계약 논의 중, KF-21에도 관심 표명
		말레이시아	FA-50 18대 규모의 2차 사업 추진
	수리온	UAE/이라크	총 1.7조원 규모의 회전익 수출 계약 체결 기대
	KF-21	사우디, 필리핀, 폴란드, UAE	KF-21 사업 참여 희망

현대 로템	K2	폴란드	상반기 내 잔여 물량 820대 중 약 180대 규모의 2차 계약 기대
		루마니아	신형 전차 250~300대 도입, 약 50대 규모의 1차 수출 계약 기대
		중동	중동 지역용 K2 전차 성능 개량 사업 진행하며 수출 추진
	K2/ K808	페루	군 현대화 사업의 일환으로 K2 및 K808 후속 물량 수출 계약 기대
LIG 넥스원	비궁	미국	미 FCT 프로그램 통과. 25년 수출 계약 체결 기대
	해궁	말레이시아	3척의 연안 초계함(LMS)에 탑재할 대공미사일로 도입 검토
	L-SAM	중동	25년 L-SAM 국내 양산 계약 체결 이후 수출 추진 전망

출처: 언론 보도, 키움증권 리서치센터

적으로도 높은 주가 상승률을 보이며 2025년 주도주로서의 역할을 착실히 하고 있습니다. 그중에서도 특히 한화에어로스페이스는 2024년 4분기 실적이 시장 예상치를 크게 상회하면서 압도적인 주가 상승률을 보이며 대장주 역할을 단단히 하고 있습니다. 한화에어로스페이스의 2024년 4분기 영업이익이 시장 예상치를 50% 이상 상회했음에도 불구하고 2025년 이익 성장 전망치 또한 한국항공우주와 함께 가장 높은 수준이 될 것이라고 시장은 긍정적으로 전망하고 있습니다.

[자료 2-43]에서 보는 것처럼 한화에어로스페이스는 2024년 1분기에 수주잔고가 레벨업되었고, 2025년 중반에 또 한 번 점프할 것

〔자료 2-43〕 한화에어로스페이스의 부문별 수주잔고 추이와 전망

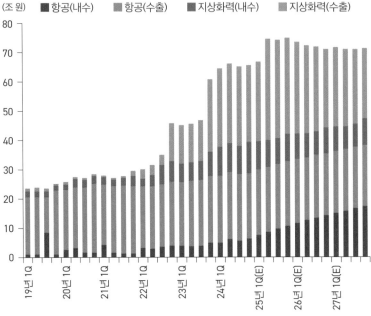

출처: 한화에어로스페이스, LS증권 리서치

으로 시장은 예상하고 있어서 주도주의 역할은 2025년 내내 이어질 가능성이 큽니다.

다만 주가적으로 보면 현재의 주가가 과거에 한 번도 보여준 적 없었던 높은 PER밸류에이션을 보여주는 만큼, 단기적으로 차익실현이나 예상치 못한 악재가 등장 시에 주가 조정이 세게 나올 수도 있습니다. 그러나 수주잔고 증가가 꺾이기 전까지 주가는 연간 전체적으로 강세를 보일 가능성이 높은 것으로 시장은 평가하고 있습니다.

PER밸류에이션은 PER(주가수익비율)을 기준으로 평가하는 가치 평가를 뜻합니다. PER(price to earnings ratio)은 '주가÷주당순이익(EPS)'으로 계산됩니다. 통상적으로 PER이 높으면 비싸고, 낮으면 싸다고 평가합니다.

다만 산업군이 다른 기업과의 비교는 무의미합니다. 기업의 성장성이 반영되는 지표라서 높은 이익 성장률을 보이는 기업은 현재 PER이 높더라도 2~3년 안에 이익이 급격하게 성장하므로 2~3년 뒤의 이익과 비교하면 PER이 낮아지기 때문입니다.

〔자료 2-44〕 한화에어로스페이스의 PER 밴드차트

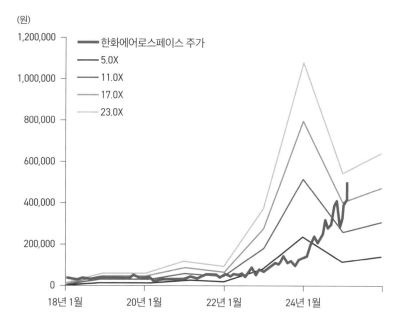

이에 더해 전 세계적인 방위비 지출의 트렌드가 지속적으로 유지되거나 상향될 경우에는 지금까지 언급했던 과거의 밸류에이션은 크게 의미 없어지는 새로운 시대로 가게 될 것입니다. 그렇기 때문에 과거의 밸류에이션으로 주가 고점을 논하는 것은 이 같은 주도주에게는 무의미한 논쟁일 가능성이 크다고 판단됩니다.

전 세계적으로 진행되는 매크로 환경에서의 변화는 해당 산업과 기업의 밸류에이션의 레벨을 상승시키거나 하향하는 데 있어 큰 동력이 됩니다. 걸프전 이후 처음으로 각국이 군비 증강을 하는 트럼프 2기 시대에는 좀 더 밸류에이션 상승 사이클로 갈 가능성이 클 것으로 보입니다.

HD현대중공업 외
신규 수주 모멘텀에 더해진 미 함정 모멘텀

2022년까지 중국 조선업의 저가 수주 확대로 인해 국내 조선업종의 주가는 과거 어느 때보다도 부진했습니다. 인력 구조조정으로 인해 수주를 받아도 바로바로 대응이 안 될 정도로 크게 망가졌던 조선업은 2023년부터 주가 하락에 따른 반발매수로 인해 상승반전했습니다. 그럼에도 불구하고 신규 수주가 나와도 기존에 저가 수주 받아왔던 물량들로 인해 실적은 부진할 것이라는 전망으로 인해 시원한 상승을 보이기보단 단기 반등에 가까웠습니다.

하지만 2024년부터 LNG운반선을 비롯한 고부가가치 선박* 수주가 증가하며 실적 개선 기대감을 높였고, 특히 친환경 선박*에 대한 수요 증가와 노후 선박 교체수요가 맞물리면서 조선업계는 본격적인 랠리를 시작했습니다. 더불어 과거 저가 수주 물량이 소진되고 고부가가치 선박 위주의 수주가 증가하면서 수익성 개선에 대한 기대감이 커졌고, 이에 주가는 본격적으로 반응하기 시작합니다.

[자료 2-46]에서 보이는 것처럼 2024년 글로벌 조선산업의 신규수주 금액은 과거 리만사태 이후 최고 수준까지 올라와 있는 상태이며, 더불어 신조선가* 역시 역사상 최고 수준이었던 2008년 사이클 고점까지 상승해

* **고부가가치 선박:** 일반적인 배에 비해 설계·제작이 더 어렵고, 기술력·안정성·친환경성·자동화 수준이 높은 선박으로, 수익성이 훨씬 높은 배를 의미함. LNG/LPG운반석, 초대형 컨테이너선, 친환경 선박 등 다양한 종류가 있음

* **친환경 선박:** 탄소배출, 황산화물, 질소산화물 등 오염물질을 줄이거나 없애는 기술이 적용된 환경 친화적인 선박을 의미함. LNG 추진선, 메탄올/암모니아 추진선, 전기추진선, 수소선박, 스크러버 장착 선박 등이 있음

* **신조선가:** 조선소가 선주(배를 주문하는 회사)에게 새 선박을 만들어줄 때 받는 선박 가격을 의미함. Clarksons Newbuilding Price Index가 대표적인 신조선가의 지표임

있었습니다. 물량과 가격 모든 측면에서 안정적인 산업의 호황기로 접어들고 있는 상황이었습니다. 이로 인해 2024년 11월까지의 국내 조선업종 주가는 큰 폭의 상승을 이뤄내고 있습니다.

앞서 언급한 것처럼 2024년 기준 국내 조선업종의 신규 수주 금액은 2006년과 2008년 수준에 달하고 있으며, 최고점이었던 2007년에는 소폭 못 미치고 있는 상황입니다. 그런데 그 당시 현대중공업(현, HD한국조선해양)의 주가는 3만 원부터 50만 원까지 약 17배의 주가 상승을 기록했습니다.

이를 감안하면, 국내 조선업종이 2025년에도 추가적인 신규수주를 기록할 경우 최근 2년간 주가가 가파르게 상승했다 하더라도 추가적인 상승의 가능성 또한 배재할 수 없을 것이라 생각됩니다.

[자료 2-45] 국내 조선업종 주가 추이

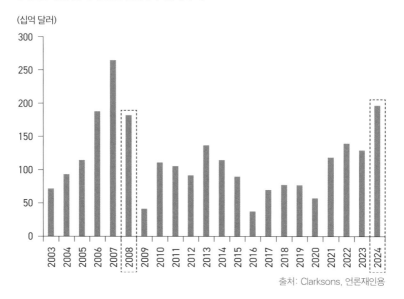

〔자료 2-46〕 전 세계 조선 신규수주 금액 추이

(십억 달러)

출처: Clarksons, 언론재인용

〔자료 2-47〕 신조선가 추이

(지수)

출처: Clarksons, 언론재인용

■ 현재 수주잔고를 기반으로 한 LNG선 인도 예정량

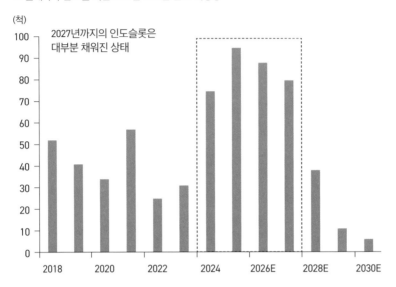

■ 현재 수주잔고를 기반으로 한 컨테이너선 인도 예정량

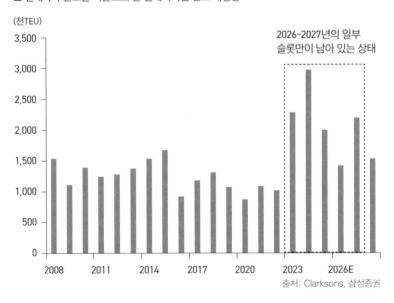

출처: Clarksons, 삼성증권

여기까지가 일반적인 조선 호황의 사이클이었다면, 반스-톨레프슨법*을 골자로 하는 해군 준비태세 보장법과 해안경비대 준비태세 보장법의 발의와 트럼프의 당선이 또 한 번의 한국 조선업 랠리의 계기가 됩니다.

이 법안은 미국의 동맹국 중 '1) 함정 건조 레퍼런스가 우수하고, 2) 낮은 비용으로 3) 빠른 납기를 맞출 수 있는' 국가가 미국 함정의 신조와 미군 MRO*를 담당해야 한다는 것인데, 이에 해당하는 국가는 한국과 일본이 유일하기 때문입니다.

이런 상황에서 트럼프가 당선되자마자 군함과 선박에 한국의 긴밀한 협력이 필요하다며 공식적인 언급을 하면서 국내 조선업은 2024년에만 두 번째 랠리가 시작되었고, 이에 직접적으로 해당하는 한화오션과 HD현대중공업이 주도주로 자리 잡았습니다. 특히 펜실베이나에 있는 필리조선소를 인수한 한화오션과 한화시스템은 지리적 이점까지 가져가면서 사실상 미군 MRO의 직접적인 최대 수혜주로 시장에 인지된 상태입니다.

* **반스-톨레프슨법:** Barnes-Tollefson Amendment. 미국 국방부(DOD)와 해안경비대(USCG)를 위한 선박 건조 시 외국 조선소에서의 건조를 제한하는 연방법. 이 법은 미국 해군 및 해안경비대의 선박과 그 주요 구성 요소(선체, 상부구조물 등)의 외국 건조를 금지해 미국 조선 산업 보호와 국가 안보를 확립하기 위한 조치임

* **미군 MRO:** 미군(Military)의 무기, 장비, 항공기, 함정 등을 유지·보수·정비(운영 유지)하는 모든 업무를 의미함. 즉 미군이 보유한 막대한 장비들을 정상 작동하도록 유지하는 산업/프로세스임

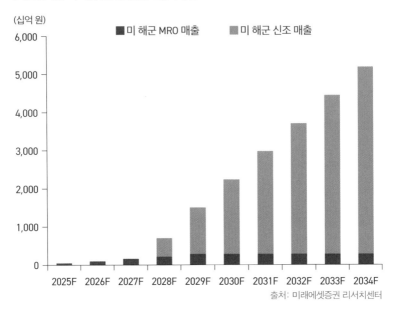

〔자료 2-49〕 미 해군 MRO/신조 매출액 추정

(십억 원)

■ 미 해군 MRO 매출　　■ 미 해군 신조 매출

출처: 미래에셋증권 리서치센터

　미래에셋증권 리서치센터에 따르면 미 해군 MRO 관련 매출은 당장 2025년부터 시작될 것으로 예상하며, 신조에 따른 매출액은 2028년부터 국내기업 실적에 반영될 것으로 추정하고 있습니다.

　이에 더해 미 해군 함정 시장에서 향후 10년간 국내 조선업이 노릴 수 있는 총 유효시장은 약 110조 원으로 예상하며, 이에 따라 2025년 상반기 기준으로 국내 조선업에 약 9.7조 원의 기업 가치 증가 영향을 줄 수 있는 것으로 전망했습니다. 한화오션과 HD현대중공업의 시가총액 합산이 약 50조 원 수준이기 때문에 20%의 기업

가치 상향을 기대할 수 있을 것입니다.

하지만 이는 단순 수치상 계산되는 숫자일 뿐입니다. 그동안 한국 조선업의 주가 하락의 가장 큰 핵심 요인은 '공격적인 가격 정책을 앞세운 시장 점유율 확장' 때문이었습니다. 이런 이유로 국내 조선업체들의 수익성도 악화되었습니다. 그러나 향후 미 해군 시장이 국내 조선업체들에게 열린다면 국내 조선업체들은 저가 수주의 영향에서 상당히 벗어날 수 있습니다. 이런 점에서 기업가치의 밸류에이션 상승에 긍정적인 역할을 할 수 있을 것으로 추정되어, 예측된 수치 이상으로 기업가치 증가에 영향을 줄 것입니다.

한국 조선업의 약진은 아직 끝나지 않았습니다. 미국 함정 모멘텀으로 인한 한국 조선업의 두 번째 랠리의 향후 진행과정을 보면서 조선업에 대한 주가 방향성을 잘 체크해야 할 시점입니다.

- 풀무원 : 미국에서 두부의 맛을 알리기 시작하다
- CJ씨푸드 외 : 냉동김밥은 '김'을 춤추게 한다

CHAPTER 5

세계 전역의
K푸드 바람을
라면만 타는 게 아니다

풀무원
미국에서 두부의 맛을 알리기 시작하다

풀무원은 2025년 2월 3일 실적발표를 하고 다음 날 대량거래를 동반하며 주가가 24% 급등했습니다. 모멘텀 투자에서 필수로 여기는 '이벤트 이후의 대량거래, 장대양봉' 흐름을 보였습니다. 이런 경우 회사는 새롭게 태어난다고 보면 됩니다.

4분기 매출액은 전년 동기 대비 7.4% 증가했지만, 영업이익은 전년 동기 대비 128% 급증했습니다. 여러 가지 요인에 기인하겠지만, 무엇보다 해외 매출이 급증했습니다. 미국의 매출이 23% 증가했고, 중국의 매출 역시 27% 증가했습니다.

국내 매출은 정체되어 있지만 해외에서 매출이 증가한다는 점이 투자자들에게 고무적으로 받아들여진 것으로 보입니다. 2024년 연간 전체적으로 풀무원 USA의 매출액은 4,445억 원을 기록해 전년 대비 21.6% 성장했습니다. 풀무원 연결 전체 매출액 성장폭 7.4% 대비 큰 폭의 성장을 미국 시장에서 기록하고 있다는 점이 긍정적으로 평가되었습니다.

특히 미국은 2024년 1분기에 처음으로 매출액 1천억 원을 돌파한 이후 지속적인 성장을 기록하고 있는데, 이는 풀무원 USA를 통해 연결 실적으로 잡히기 때문에 아주 중요한 포인트입니다. 우리는 이미 삼양식품을 통해 음식료 제품이 해외에서 매출이 터지기

〔**자료 2-50**〕 풀무원의 일봉차트

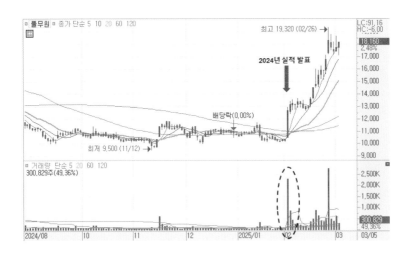

시작하면 큰 성장이 가능한 것을 너무 잘 알게 되었기 때문에 K푸드의 수출이 증가하기 시작하는 이벤트에 집중을 할 수밖에 없습니다.

그렇다면 미국에선 어떤 제품이 잘 팔리고 있는 것일까요? 실적 발표 IR에서 얘기가 나왔던 것으로 보이나, 일반 투자자들은 애널리스트*의 리포트나 언론보도만을 참고할 수밖에 없는데, 실적발표 이후 나온 아래와 같은 언론보도들이 인상적입니다.

> * **애널리스트:** Analyst. 기업, 산업, 경제 상황 등을 분석하고, 투자 판단에 참고할 수 있는 자료와 의견을 제공하는 전문가. 일반적으로 증권사에 속한 애널리스트는 Sell-side 애널리스트라고 하며, 운용사에 있는 in-house 애널리스트는 Buy-side 애널리스트라고 함

두부가 미국에서 인기 품목으로 떠오르고 있다는 점에 주목할 필요가 있습니다. 미국에서 채식주의자들뿐만 아니라 일반인들에게도 두부의 식감과 단백질로 구성된 완전제품이라는 점에서 인기를 끌며 미국 내에서 두부라는 상품이 시장을 확대해 나가고 있습니다. 그중에서도 풀무원의 두부가 절대적인 시장 점유율을 확보하고 있는 것으로 파악되었습니다.

단단한 식감의 두부, 콩 냄새를 줄인 두부, 햄버거 패티 형태의 두부 등 풀무원의 두부 제품들이 현지화에 성공하면서 저렴하고 건강한 제품으로 자리를 잡아가고 있는 것으로 조사됩니다. 미국의 두부 시장 규모는 대략 4.2억 달러 규모이고, 2024년 3분기 말 기준으로 풀무원의 시장 점유율은 약 75% 정도로 추정됩니다.

	1Q23	2Q23	3Q23	4Q23	1Q24	2Q24
매출액	730.0	755.4	746.1	762.0	769.3	793.1
yoy%	*12.2%*	*7.0%*	*-1.1%*	*4.7%*	*5.4%*	*5.0%*
1. 식품제조유통	376.8	396.9	398.8	399.6	385.4	392.6
yoy%	*1.4%*	*1.6%*	*-1.4%*	*3.2%*	*2.3%*	*-1.1%*
2. 식품서비스유통	178.3	193.0	184.4	196.4	204.6	224.1
yoy%	*32.0%*	*14.7%*	*-5.9%*	*6.4%*	*14.7%*	*16.1%*
3. 건강케어	27.6	28.8	25.6	25.6	24.6	25.6
yoy%	*178.8%*	*71.4%*	*70.7%*	*81.8%*	*-10.9%*	*-11.1%*
4. 해외식품제조유통	147.0	136.4	136.8	140.0	154.5	150.6
yoy%	*10.0%*	*5.0%*	*-1.4%*	*-0.8%*	*5.1%*	*10.4%*
미국	95.7	88.1	88.1	93.6	109.8	101.9
yoy%	*22.1%*	*21.9%*	*5.1%*	*5.3%*	*14.7%*	*15.7%*
중국	24.1	18.5	19.7	19.5	19.7	22.8
yoy%	*-10.4%*	*-35.8%*	*-25.9%*	*-19.1%*	*-18.3%*	*23.2%*
일본	27.2	29.2	27.7	25.7	24.1	25.1
영업이익	12.3	16.8	21.9	11.1	15.7	16.9
yoy%	*101.3%*	*6.9%*	*55.2%*	*흑전*	*27.7%*	*0.4%*
OPM%	1.7%	2.2%	2.9%	1.5%	2.0%	2.1%

	3Q24	4Q24	2022	2023	2024
매출액	833.7	817.7	2,838.3	2,993.5	3,213.7
yoy%	*11.7%*	*7.4%*	*12.7%*	*5.5%*	*7.4%*
1. 식품제조유통	403.1	395.8	1,553.8	1,572.1	1,576.9
yoy%	*1.1%*	*-1.0%*	*8.5%*	*3.5%*	*0.3%*
2. 식품서비스유통	240.5	228.8	684.0	752.1	898.0
yoy%	*30.4%*	*16.5%*	*23.8%*	*10.0%*	*19.4%*
3. 건강케어	26.3	26.6	55.8	107.6	103.1
yoy%	*2.7%*	*3.8%*	*24.2%*	*105.0%*	*-4.2%*
4. 해외식품제조유통	163.6	166.5	543.4	560.2	635.2
yoy%	*19.6%*	*18.9%*	*24.5%*	*3.1%*	*13.4%*
미국	117.5	115.3	323.4	365.5	444.5
yoy%	*33.4%*	*23.2%*	*35.5%*	*13.0%*	*21.6%*
중국	21.5	24.7	105.2	81.8	88.7
yoy%	*9.1%*	*26.7%*	*12.3%*	*-22.2%*	*8.4%*
일본	23.8	25.4	114.0	109.8	98.4
영업이익	33.3	25.2	26.3	62.0	91.0
yoy%	*52.0%*	*128.1%*	*-31.7%*	*135.6%*	*46.8%*
OPM%	4.0%	3.1%	0.9%	2.1%	2.8%

시장조사기관에 따르면 2029년까지 두부시장은 7.5억 달러에 이르게 될 것으로 전망하고 있는데, 현재의 환율과 풀무원의 시장 점유율을 감안하면 2029년에는 풀무원USA에서 두부만으로 나올 수 있는 매출액이 약 7,900억 원 수준입니다. 현재 풀무원 전체 매출이 3.2조 원인 것을 감안하면 대단히 놀라운 수치입니다.

(자료 2-52) 2024년 4분기 실적 발표 이후 나온 언론보도

[단독] "미국엔 이런 식감이 없단 말이야"⋯ 풀무원 '3조 클럽' 만들어 준 K두부의 비밀

이효석 기자 thehyo@mk.co.kr

입력 : 2025-02-17 18:21:25 수정 : 2025-02-17 18:39:16

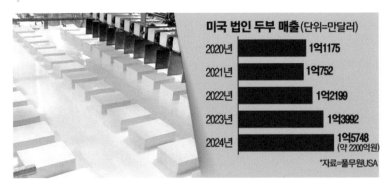

PART 2_ 역사는 반복된다! 모멘텀 투자 실증사례 분석

라면만이 K푸드가 아님을 감지하고 두부 시장에 대한 자료도 지속적으로 업데이트하며 풀무원의 주가를 관심 있게 지켜봐야 할 시기가 온 것으로 판단됩니다.

CJ씨푸드 외
냉동김밥은 '김'을 춤추게 한다

〈오징어게임〉을 비롯한 K콘텐츠들이 넷플릭스를 통해 전 세계적으로 뻗어 나갔습니다. 그러면서 대표 K푸드인 라면뿐만 아니라 한국 드라마나 한국 영화에서 주인공이 먹었던 각종 과자, 떡볶이 등등 간식류도 해외시장에서 인기를 얻기 시작하는데, 그중에서 특히 미국과 유럽을 중심으로 인기가 올라가던 음식이 바로 '김밥'이었습니다.

유통기한이 짧은 김밥의 단점을 보완하기 위해 냉동 형태로 유통되면서 이른바 '냉동김밥'이 서양에서 인기를 끌기 시작했습니다. 특히 미국은 2024년 상반기에 인플레이션*이 큰 사회문

> * **인플레이션:** Inflation. 물가가 전반적으로 지속해서 오르는 현상. 즉 돈의 가치가 떨어지고, 같은 돈으로 살 수 있는 물건이 줄어드는 현상

제로 대두되었는데, 냉동김밥은 한 줄로 한 끼를 간단히 해결할 수 있는 데다가 그 가격마저 저렴해서 미국에서 더욱 큰 인기를 끌었습니다. 현지 언론 등에 보도된 것들을 종합해보면 냉동김밥은 점포에 입고되기가 무섭게 재고가 동나는 기현상까지 발생했었습니다.

주식시장은 이 냉동김밥 시장의 확대 수혜주를 찾으려고 2023년 말부터 열을 올렸었으나, 정작 진짜 미국으로 대형 물량들을 수출하는 기업들이 '바바김밥'의 올곧, 복만사 같은 비상장 기업이었기 때문에 진정한 냉동김밥 관련주로서 시세가 폭발적으로 상승하는 기업이 나타나지 않았습니다. 적어도 2024년 5월 24일까지는요.

그러던 중 2024년 5월 16일, 상장 기업 중에서 진정한 '김밥 관련주'가 등장했습니다. 그 회사는 바로 CJ씨푸드였습니다.

CJ씨푸드는 2024년 1분기 분기보고서를 제출했는데 김밥의 원재료인 '김'의 매출이 급증했습니다. 2024년 1분기 김 매출액은 191.5억 원을 기록했는데, 전년 동기 매출 36.1억 원 대비 431% 급증했습니다. 내수 김 매출액은 전년 대비 569%로 급증했고, 수출 역시 225% 증가했습니다. 냉동김밥의 대부분이 국내에서 생산해 수출되는 제품이었기 때문에 내수 매출이 급증한 것으로 파악되며, 수출은 냉동김밥의 인기로 인해 '김' 자체의 수요가 증가하면서 수출량도 225% 증가한 것으로 파악됩니다.

2023년 말부터 연일 냉동김밥의 인기 소식이 이어져오던 찰나에 진정한 수혜주가 등장하면서 시장은 뜨겁게 반응했습니다. 실적 발표 당일에 CJ씨푸드 주식은 거래량 1200만 주에 20% 주가 상승으로 마감했습니다. 그 직전까지 거래량 60일 평균이 10만 주였던 것을 감안하면 시장의 폭발적인 관심을 받았다는 것을 알 수 있고, 이로 인해 한 달 만에 주가는 100% 이상 상승하면서 '김' 대장주로 자리매김했습니다.

[자료 2-53] CJ씨푸드의 2024년 1분기 부문별 매출액 현황   (단위: 백만 원)

매출 유형	품목		제49기 1분기	제48기	제47기
제/상품	어묵	수출	570	2,516	2,075
		내수	20,684	82,355	85,442
		소계	21,254	84,871	87,517
	김	수출	4,708	7,386	5,313
		내수	14,443	16,909	19,478
		소계	19,151	24,295	24,791
	유부	수출	15	66	85
		내수	3,644	17,330	18,315
		소계	3,659	17,396	18,400
	기타	수출	2,339	73	84
		내수	6,093	21,713	21,909
		소계	8,432	21,786	21,993
합계		수출	7,632	10,041	7,557
		내수	44,864	138,307	145,144
		소계	52,496	148,348	152,701

(*) 내부 매출액을 제외한 연결 기준으로 작성했습니다.

[자료 2-54] 2024년 1분기 실적발표 전후 CJ씨푸드의 일봉차트

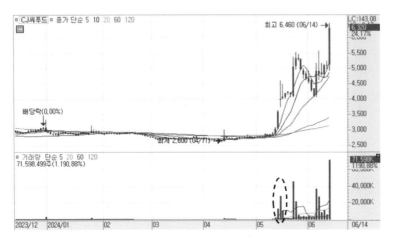

CJ씨푸드가 급등하면서 주식시장은 동종 형태의 사업을 하는 김 제조기업들을 빠르게 찾아나갔고, 사조씨푸드, 사조대림 등이 CJ씨 푸드를 뒤이어 '김 테마주'를 형성해 나가면서 한 달여간의 김 랠리를 펼치며 주가가 급등했었습니다.

이는 처음 보는 현상인데, 실적까지 뒷받침하는 모멘텀 투자의 정석이라 할 수 있는 케이스입니다.

[자료 2-55] 사조씨푸드의 김 관련 매출 현황

부문	구분	주요 제품	구분	2024년 (제45기 1분기)	2023년 (제44기)	2022년 (제43기)
식품 사업 부문	제품	김 등	수출	1,253,646	4,334,788	4,606,008
			내수	6,109,991	16,622,124	15,582,488
			합계	7,363,637	20,956,912	20,188,496
	상품	김 등	수출	347,176	802,382	289,620
			내수	554,105	1,751,449	1,379,455
			합계	901,281	2,553,831	1,669,075
	임가공	김 등	수출	–	–	–
			내수	280,603	747,767	304,581
			합계	280,603	747,767	304,581

[자료 2-56] 사조씨푸드의 일봉차트

- 현대건설 : 어닝쇼크, 하지만 자세히 보면 예쁘다
- DL이앤씨 : 앞에서 한번 봤으니 길이 보여 편하다

CHAPTER 6

미워도 다시 한번, 증시의 영원한 테마인 턴어라운드

현대건설
어닝쇼크, 하지만 자세히 보면 예쁘다

2025년 1월 22일, 현대건설이 2024년 4분기 실적을 발표했습니다. 4분기 영업손실* 1.73조 원, 전분기 영업이익이 1,143억 원인 것을 감안하면 감당할 수준을 벗어난 어닝쇼크*입니다. 그런데 이날 주가는 어땠을까요? 놀랍게도 현대건설의 주가는 9% 급등해서 마감했습니다.

> * **영업손실:** 기업이 영업활동을 통해 벌어들인 돈보다 더 많은 비용이 나가서 손해를 본 상태. 즉 영업활동이 적자를 기록한 상태

> * **어닝쇼크:** 어닝서프라이즈의 반대말. 시장에서 예상한 기업의 이익보다 실제 발표되는 이익이 크게 하회하는 것을 의미함. 일반적으로 어닝쇼크는 주가의 급락을 수반하게 됨

현대건설이 발표한 내용에 따르면 자회사 현대엔지니어링의 해외 손실 부분을 4분기에 일시 반영한 것입니다. 이른바 빅배스(Big bath)입니다. 빅배스란 기업의 누적 손실이나 잠재 부실 위험을 한 회계연도에 모두 반영해 그 다음 해의 실적에 영향을 주지 않게 하는 회계 방식입니다. 그동안 시장에서 우려해왔던 해외 손실분에 대한 우려를 한방에 재무제표상에서 털어낸 것입니다.

이에 더해, 현대건설은 2025년 실적 전망에 대한 공시를 했습니다. 매출액 30.2조 원, 영업이익 1.18조 원을 전망했습니다. 전일 종가 기준으로 현대건설의 시가총액이 2.9조 원이었으므로 2025년 영업이익 전망치 대비 시가총액은 2.45배 수준입니다. 세전이익이 아니기 때문에 정확히 따지긴 어려우나, 세후를 감안해도 현재 시가총액은 PER로 3배 미만입니다. 거기에 지속적으로 시장이 우려했던 부실까지 모두 털어낸 상황입니다.

당연하게도 시장은 열렬하게 반응할 수밖에 없습니다. 리스크는 사라졌고, 미래에 대한 희망을 회사가 단순 보도자료도 아니고 공시를 통해 발표했습니다. 공시는 일반적으로 거의 높은 확률로 달성할 수 있을 정도로 보수적으로 내놓는 것이 전 세계 모든 증시의 공통된 현상인데, 공시 전망치 기준 PER 3배 미만으로 대한민국 건설섹터의 대장주를 살 수 있다면 시장은 어떻게 반응할까요? 당연히 실적 발표와 실적 전망치가 확인되자마자 대량 매수가 들어왔고, 이에 주가는 9% 급등했습니다.

〔자료 2-57〕 현대건설의 2024년 4분기 실적발표 전후 일봉차트

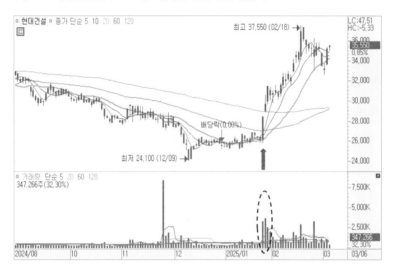

　　장 마감 이후 진행된 실적 발표 IR을 통해 좀 더 세부적인 내용이 언론과 리포트를 통해 시장에 알려졌습니다. 그래서 이후에도 주가는 상승추세를 이어나가 약 한 달 만에 43%의 주가 상승률을 보였습니다.

　　만일 현대건설이 한 첫 번째 실적 공시의 내용을 보고, 즉 영업손실 1.73조 원만 보고 어닝쇼크라고 해서 관심을 껐다면 시장에서 가장 좋아하는 턴어라운드 주식*을 놓치게 되는 것입니다. 턴어라운드 주식은 그동안 실적 하락에 대한 우려가 과도했기 때문에 주가 역시 과매도권에 위치할 확률이 매우 높아서, 이처럼 과매도권에서 호재가 나오는 경우 주가 상승 탄력은 매우 강합니다.

PBR 밴드차트*인 [자료 2-58]을 보면 역사적으로 밴드 하단 수준에서의 악재 발표 후 호재가 등장한 상황이었던 것을 볼 수 있습니다. 앞서 언급한 것처럼 주가 상승이 매우 탄력적일 수밖에 없는 자리와 상황이었습니다.

여기서 제대로 된 투자자라면 적어도 이 회사의 경영실적 전망치가 과연 얼마나 신뢰도가 있을까 하는 의문을 가져야 할 것입니다.

[자료 2-59]에서 보는 것처럼 매출액 기준으로 5개년 중 3개년을 초과달성했고, 목표를 달성하지 못했던 2개년의 달성률도 97% 수준인 것을 감안하면 매출액에 대한 전망치는 매우 신뢰도가 높다고 볼 수 있습니다. 수익성에 대한 의문이 남을 수 있지만, 이미 2024년에 빅배스를 통해 깔끔하게 정리했으니 수익성 역시 어느 정도 신뢰도가 높다고 판단할 수 있을 것입니다.

> *** 턴어라운드 주식:** 영어로 'turn around'는 '방향을 바꾸다' '회복하다'라는 뜻인데, 턴어라운드 주식은 오랫동안 적자·부진에 시달리던 기업이 흑자 전환하거나 실적이 급격히 개선될 것으로 기대되는 주식을 말함

> *** PBR 밴드차트:** PBR(Price to Book Ratio)은 주가를 주당순자산(BPS)으로 나눈 값으로, 기업의 자산 대비 주가 수준을 나타냄. PBR 밴드차트는 특정 기업의 과거 PBR 값을 기준으로 multiple 배수를 설정해 주가와 함께 시각화한 그래프인데, 이를 통해 현재 주가가 역사적으로 어떤 평가 수준에 있는지 파악할 수 있음

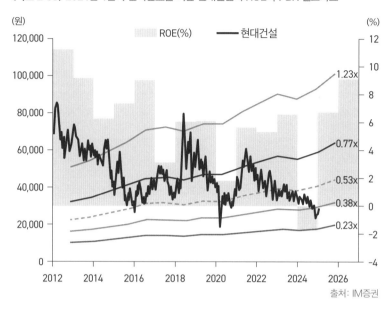

[자료 2-58] 2024년 1분기 실적발표일 기준 현대건설의 ROE와 PBR 밴드차트

출처: IM증권

[자료 2-59] 현대건설의 과거 5개년 경영 실적 전망치 대비 달성률 (단위 : 십억 원, %)

구분	24년 달성률	23년 달성률	22년 달성률	21년 달성률	20년 달성률
매출액	110.1	116.3	107.8	96.6	97.7
건설	108.4	118.0	106.0	94.0	91.8
HEC	112.7	113.6	113.0	98.3	105.7
기타	102.6	128.0	93.3	149.0	122.2
국내	114.9	113.9	97.6	104.2	107.3
해외	103.7	120.1	127.1	84.8	83.4

일자	현재가		대비	거래량 ▼	개인	외국인	기관계
25/02/21	35,300	▼	350	582,188	-10,768	-13,885	+20,798
25/02/20	35,650	▼	550	1,166,312	-109,657	+28,912	+98,588
25/02/19	36,200	▼	800	1,333,552	+45,239	-124,272	+71,253
25/02/18	37,000	▲	2,800	2,889,194	-613,530	+127,708	+448,216
25/02/17	34,200	▼	400	936,671	-12,540	-60,582	+62,419
25/02/14	34,600	▲	850	1,532,263	-300,722	+7,825	+309,711
25/02/13	33,750	▲	1,450	1,966,180	-370,146	-68,049	+434,888
25/02/12	32,300	▼	400	648,044	-95,718	+45,287	+49,266
25/02/11	32,700	▲	700	752,967	-151,143	-69,791	+221,495
25/02/10	32,000	▼	400	959,930	-104,480	-119,682	+211,582
25/02/07	32,400	▲	800	1,592,325	-242,355	-22,356	+270,448
25/02/06	31,600	▲	1,150	1,216,620	-172,073	-164,533	+337,901
25/02/05	30,450	▼	450	692,117	-71,324	-58,402	+135,716
25/02/04	30,900	▲	100	929,053	-143,273	-57,776	+207,809
25/02/03	30,800	▼	250	1,335,046	-51,499	-152,720	+201,780
25/01/31	31,050	▼	450	2,004,842	-205,544	+168,714	+40,057
25/01/24	31,500	▲	1,800	2,539,185	1,009,939	+335,649	+738,038
25/01/23	29,700	▲	1,250	3,642,136	-823,551	+184,937	+694,281
25/01/22	28,450	▲	2,350	3,258,966	1,056,514	+224,046	+804,105
25/01/21	26,100	▼	250	555,259	+94,744	+13,860	-104,186

000720 ▼ Q [신] 현대건설 2025/02/22 ○금액 ◉수량 ○추정평균기

기간 25/01/22 ~ 25/02/21 누적순매수 5,499,537 +211,030 5,358,351

앞에서 반복적으로 확인하고 있는 것 중 하나는 시장의 생각과 나의 생각이 일치하는지의 여부였습니다. 이를 가장 쉽게 확인하는 방법은 기관과 외국인의 수급이 뒷받침되는지를 보는 것입니다. 실제로 현대건설은 실적 발표 이후 지속적인 매수세가 이어지면서 주가 상승을 이끌고 있는 것을 볼 수 있습니다.

DL이앤씨
앞에서 한번 봤으니 길이 보여 편하다

현대건설이 엄청난 빅배스와 화끈한 실적전망을 보여준 후 딱 열흘 뒤에 또 다른 건설주인 DL이앤씨가 실적발표를 했습니다. 현대건설 만큼의 어닝쇼크는 아니었으나 2024년 연간 영업이익이 2,709억 원으로, 전년도 3,307억 원 대비 감소했습니다.

DL이앤씨 역시 현대건설과 마찬가지로 곧바로 2025년 실적 전망치를 공시했는데, 매출액은 7.8조 원으로 전망했고, 영업이익은 5,200억 원을 전망했습니다.

> * **영업이익 대비 시가총액 배수:** 기업이 본업을 통해 얼마나 효율적으로 수익을 창출하는지를 나타내며, 투자자들이 기업의 가치를 평가할 때 참고하는 중요한 지표임. '시가총액÷영업이익' 또는 'EV(Enterprise Value)÷EBIT'로 계산함

실적발표일 전날 기준으로 DL이앤씨 시가총액은 1.2조 원이었는데, 영업이익 대비 시가총액 배수*가 2.3배에 불과했습니다. 현대건설이 2.45배였으니 현대건설보다 더 좋은 상황입니다.

시장은 크게 의심하지 않았고, 현대건설의 뒤를 따라 편안하게 DL이앤씨의 주가는 상승했습니다. 기관과 외국인의 매수도 끊이지 않았습니다.

[자료 2-61] DL이앤씨의 PBR 밴드차트

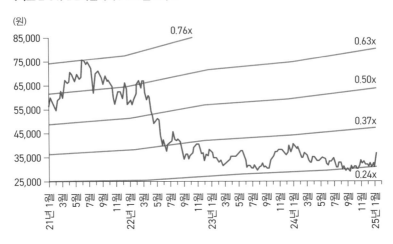

[자료 2-62] DL이앤씨의 실적 발표 전후 일봉차트

PART 2_ 역사는 반복된다! 모멘텀 투자 실증사례 분석

[자료 2-63] DL이앤씨의 기관 및 외국인 수급현황

| 375500 ▼ Q 신 DL이앤씨 | 2025/03/05 🗓 | ○금액 ◉수량 ○추정평균가 |

기간 25/02/06 🗓 ~ 25/03/05 🗓	누적순매수	1,383,056	1,107,160	+300,838
일자	현재가	대비	거래량 ▼	개인	외국인	기관계
25/03/05	43,500 ▲	2,350	342,690	-119,993	+142,369	-20,569
25/03/04	41,150 ▲	650	170,693	-32,694	+45,330	-11,702
25/02/28	40,500 ▼	1,400	188,721	-23,450	+22,754	-1,537
25/02/27	41,900 ▼	100	92,821	-17,985	+25,077	-5,738
25/02/26	42,000 ▲	1,400	259,310	-111,664	+39,093	+74,932
25/02/25	40,600 ▲	1,100	287,785	-101,108	+43,932	+58,535
25/02/24	39,500 ▼	650	117,877	+2,117	+13,124	-15,327
25/02/21	40,150 ▲	750	182,903	-66,908	+10,671	+56,773
25/02/20	39,400 ▼	150	224,499	-25,427	+8,574	+19,591
25/02/19	39,550 ▲	750	261,094	-49,872	+65,711	-15,432
25/02/18	38,800 ▲	1,350	268,155	-62,637	+30,630	+33,299
25/02/17	37,450 ▼	600	130,766	+12,286	+3,621	-16,247
25/02/14	38,050 ▲	800	301,380	-66,606	+44,486	+23,080
25/02/13	37,250 ▼	500	307,041	+12,401	-16,600	+3,277
25/02/12	37,750 ▲	350	196,338	-63,730	+86,150	-21,345
25/02/11	37,400 ▲	150	274,000	-83,049	+130,332	-47,140
25/02/10	37,250 ▲	350	336,581	-154,714	+118,366	+37,077
25/02/07	36,900 ▲	1,750	699,699	-310,816	+159,869	+151,933
25/02/06	35,150 ▲	4,250	628,136	-119,207	+133,671	-2,622
25/02/05	30,900 ▼	650	100,452	+16,519	+1,320	-17,844

주식은 역사의 반복입니다. 앞서 있었던 현상이 편안했다면, 무난히 따라가기 마련입니다. 앞서 있었던 현대건설이 편안했기에 DL이앤씨가 무난히 따라갈 수 있었던 것입니다. 이 때문에 반드시 매매일지나 투자일지는 작성하는 편이 좋습니다. 작성한 내용이 자세할수록 변동성에 연연해하지 않고 양껏 매수할 수 있습니다.

MOMENTUM
INVESTMENT

PART 3

길게 끌고 가라!
모멘텀 투자의
매도시점 찾기

MOMENTUM

주식시장에 참여한 개인투자자들에게 가장 많이 듣는 질문이 바로 "목표 수익률을 얼마로 잡느냐"와 "손절을 마이너스 몇 퍼센트에 해야 하느냐"입니다. 사실 이 질문에 답을 할 수는 없습니다. 답을 하는 순간 거짓말이 되기 때문입니다. 점쟁이가 아닌 이상 목표 수익률과 손절라인을 얼마로 해야 할지 알 방법이 없습니다. 우리는 투자자이지, 미래를 예언하는 예언가가 아닙니다. 투자의 논리가 없을 때 이런 질문들을 서로 주고받게 되는 것입니다.

한국 주식시장에서 많이 쓰이는 시쳇말 중 하나가 바로 "매수는 기술, 매도는 예술"입니다. 매수시점을 잡는 것도 어렵지만, 매도시점을 잡는 것은 더더욱 어렵다는 말을 우스갯소리로 표현한 것입니다.

주식투자의 방법론은 무수히 많으며, 그에 따라 매수와 매도의 접근 방식도 달라질 것입니다. 이 책에서 모든 방법론을 다룰 수는 없지만, 여기서 강조하는 핵심 매매법은 '회사의 근본적인 변화를 가져올 만한 재료를 동반한 대량 거래'를 모멘텀으로 정의하는 것입니다. 이러한 시점에 매수하는 전략을 모멘텀 투자라고 표현해왔습니다.

그렇다면 반대로 "모멘텀 투자의 근본적인 매도시점은 언제로 잡아야 하느냐"는 과제가 남습니다. 기본적으로 모멘텀 투자는 재료를 수반한 시세가 시작되면 그 상승 추세가 끝나는 시점까지 보유해서 수익률을 극대화하는 투자법입니다. 즉 모멘텀 투자의 수익실현은 '투자했던 모멘텀이 끝나는 시점에서의 매도'를 기본적인 원칙으로 합니다. 이에 더해 모멘텀이라는 것이 시간이 지나고 반복적으로 노출될수록 약화되는 점을 감안해서 기술적인 매도시점까지 짚어보겠습니다.

모멘텀 투자의 매도시점은 크게 3가지로 분류합니다. 첫째, 매수시점에서 나왔던 모멘텀에 반하는 사실이 등장했을 경우, 둘째, 기술적인 지표에서 모멘텀이 약화되는 것이 포착될 경우, 셋째, 모멘텀이 끝까지 반영이 되어서 밸류에이션상 최대치를 찍었을 때 목표수익률 달성과 함께 수익을 확정하는 방식입니다.

지금부터 앞에서 언급했던 모멘텀 투자의 적절한 사례로 예시를 들었던 기업들을 기준으로 살펴보며 구체적인 매도시점에 대해 알아보겠습니다.

- 투자논리가 훼손되는 새로운 '사실'의 등장은 매도 신호다
- 분기 실적 발표 자료를 검토해 투자논리가 유효한지 판단하자
- 갑작스러운 불확실성의 등장도 매도의 근거가 된다

CHAPTER 1

투자논리가
훼손되었을 때는
가차 없이 매도하라

투자논리가 훼손되는
새로운 '사실'의 등장은 매도 신호다

우리는 앞서 '대형호재가 등장하며 회사가 제2의 성장가도를 달릴 만한 시점'을 모멘텀 투자의 매수시점이라고 정의했습니다. 적어도 '제2의 창업'이라고 표현할 만한 대형호재가 발생한 상황이기 때문에 상승 추세를 끝까지 다 수익으로 연결하는 중기투자를 기반으로 해야 합니다.

하지만 이 같은 투자에서 모멘텀 투자로 접근한 투자자가 (강조하지만 장기투자자들에겐 해당사항이 없는 내용이며, 장기 보유중인 분들은 오해 없길 바랍니다. '회사의 가치'와는 별개로 '모멘텀'을 보고 매수한 투자자들의 매도시점임을 다시 한번 강조하는 바입니다. 이하 모든 종목에 공통적으로 해당됩니다.) 반드시 매도해야 하는 시점은 처음에 접근했던 투자논리가 훼손되는 '새로운 사실'이 등장하는 시점입니다. HD현대일렉트릭과 알테오젠의 사례를 통해 구체적으로 살펴보겠습니다.

분기 실적 발표 자료를 검토해 투자논리가 유효한지 판단하자

HD현대일렉트릭의 경우 2023년 4월 13일 분기실적을 발표하면서 어닝서프라이즈를 기록했고, 높은 수주잔고 증가를 보여주었습니다. 이에 더해 대량거래를 수반하는 장대양봉을 시현하면서 모멘텀 투자 기반의 적절한 매수시점이 되었습니다. 이는 전 세계적으로 전력기기의 교체수요가 살아나고 있는 시점에, AI에 필요한 데이터 센터의 급증으로 인해 향후 장기적인 상승추세를 그릴 만한 수주잔고와 업황의 펀더멘털 개선이 함께 진행되고 있었기 때문입니다.

매 분기마다 시장 기대치를 상회하는 실적을 기록하며 2023~2024년 내내 꾸준한 모멘텀을 이어왔습니다. 2023년 4월 13일에 매수한 투자자라면 지난 2년은 약 10배에 가까운 주가 상승을 수익

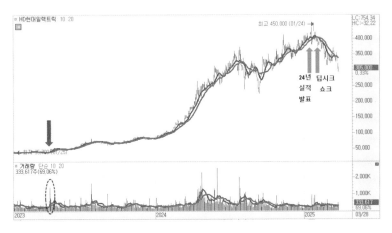

률로 고스란히 누릴 수 있는 시기였습니다.

하지만 2025년 1월 20일, HD현대일렉트릭의 2024년 4분기 실적 발표에서 '첫 번째 매도 시그널'이 포착되었습니다. 분기 실적 발표 자료를 살펴보면(본서의 앞부분에 자세한 내용을 다루었으니 다시 한번 살펴보길 바랍니다), 2025년 수주잔고 전망치가 2024년 수주잔고 전망치 대비 사실상 증가가 거의 없었습니다. 현재 기준으로 회사의 생산 능력이 최대치에 다다랐다는 방증으로 풀이할 수 있습니다. 즉 2025년의 성장은 제품 생

* **제품 생산 mix:** 기업이 생산 및 판매하는 모든 제품의 조합을 의미함. 이는 제품의 다양성과 구성을 전략적으로 관리해 시장의 다양한 요구를 충족시키고, 기업의 경쟁력을 강화하는 데 중요한 역할을 함

산 mix*에 대한 개선으로 수익성은 증가할 수 있지만, 전체 매출액 증가는 제한되었음을 미루어 짐작할 수 있습니다.

실적 발표 당일에 증설*에 대한 공시를 했지만, 증설 부분이 매출과 연결되기 위해선 2년이라는 시간이 필요했습니다. 지난 2년간 10배에 달하는 수익률을 확정할 수 있는 1차적인 매도시점의 도래라고 판단되었습니다.

> *** 증설:** 기업이 기존의 생산 시설이나 공장의 규모를 확장해 생산능력을 증가시키는 것을 의미함. 이는 일반적으로 공장 건축면적이나 부지면적을 넓히는 형태로 이루어짐

1월 20일의 실적 발표 이후 1주일이 지난 1월 27일 또 한 번의 강력한 매도 시그널이 포착되었습니다. 중국에서 개발한 딥시크가 챗GPT를 밀어내고 앱스토어에서 1위를 기록한 사건입니다. 오픈AI 개발비의 10%에 불과한 훈련비용만을 투자하고, 저사양 H800 GPU칩 겨우 2천 개를 기반으로 한 AI가 챗GPT를 제치고 앱스토어 1위를 기록한 것입니다.

이 사건으로 세계가 발칵 뒤집혔습니다. 지난 2년여간 이어온 빅테크 기업들의 대규모 인프라 투자에 대한 무용론으로 IT산업의 근간이 흔들릴 수 있는 사건이기 때문입니다. 딥시크의 진실이 무엇인지는 시간이 충분히 지난 뒤에 밝혀지겠지만, 적어도 과거 2년 같은 폭발적인 전력 인프라 산업에 대한 투자를 다시 보기에는 꽤 많은 시간이 필요해졌습니다.

HD현대일렉트릭뿐만 아니라 전력기기 산업 자체에 대한 투자논

[자료 3-2] 국내 상장된 전력기기 업체들의 1월 27일 이후의 주가 흐름 비교

리가 훼손된 셈입니다. 불과 1주일 사이에 두 건의 매도 시그널이 포착된 셈입니다.

[자료 3-2]에서 보듯 국내에 상장된 다른 전력기기 업체들(LS ELECTRIC, 효성중공업, 일진전기)의 주가 역시 2025년 1월 27일 이후 흐름은 완전히 바뀌었습니다. 그간 밸류에이션을 지탱하는 높은 수준의 실적 성장으로도 주가 하락의 방어가 쉽지 않았습니다. 딥시크 충격을 상쇄할 수 있는 새로운 모멘텀이 나오거나, 이 같은 상황임에도 불구하고 실적 성장이 이어지는 결과를 시장이 확인한 후에야 본격적인 반등이 나올 것으로 추정됩니다.

갑작스러운 불확실성의 등장도
매도의 근거가 된다

알테오젠은 2024년 2월 22일 장중에 머크와의 기술이전 계약을 체결했습니다. 당일 종가는 105,000원으로 마감했습니다. 머크와의 기술이전 계약에 따른 향후 현금 유입으로 인한 펀더멘털 개선과 향후 추가적으로 있을 기술이전 계약에 대한 기대감을 기반으로 장기 보유해야 하는 시점이었습니다. 이런 믿음에 보답이라도 하듯 알테오젠의 주가는 2025년 11월에 45만 원선까지 지속적으로 상승했습니다. 머크와의 기술이전 계약 공시를 보고 매수한 투자자라면 무려 350% 수준의 투자 수익률을 기록하게 된 셈입니다.

하지만 2024년 11월 22일 알테오젠이 기술이전 계약을 체결했던 미국의 머크사가 알테오젠의 경쟁사인 할로자임에 특허 무효심판을 제기했습니다. 이 기술은 전 세계에서 알테오젠과 할로자임만 가지고 있는 기술인데, 머크가 할로자임에 대해 특허 무효청구심판을 제기했으니 키트루다SC 출시로 인해 알테오젠이 수혜를 받을 것이라 예상했던 시장에서는 악재로 받아들이는 분위기였습니다.

물론 머크가 키트루다SC 제형*을 출시하기 위해 사전에 불확실성을 차단하기 위한 조치로 해석이 되었으나, 갑자기 튀어나온 불확실성임에는 분명했습니다. 강력한 기술이전 계약으로 인해 매수한 모멘텀 투자자라면, 키트루다SC 제형이 출시되기까지 보유해볼 만도 했습니다. 그러나 갑작스러운 불확실성으로 매도할 근거가 될 만한 이벤트였습니다.

물론 이후 2025년 3월에 아스타라제네카와 또 다른 기술이전 계약을 체결하면서 알테오젠을 믿어준 장기투자자에게는 또 한 번의 기술력을 증명하는 훌륭한 바이오기업임에는 틀림없었습니다.

〔자료 3-3〕 모멘텀 투자 관점에서의 알테오젠의 매수 및 매도 시기

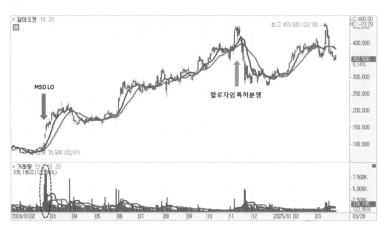

- 3일 연속으로 10일선을 이탈하면 드디어 매도해야 할 때다
- 모멘텀 투자의 10일 이평선 이탈에 의한 투자 수익 실현 확정 사례들
- PER 20배라는 지표가 흔히 한 사이클의 고점으로 작용한다

CHAPTER 2

기술적 관점에서의
매도 시기는
이렇게 결정하라

3일 연속으로 10일선을 이탈하면
드디어 매도해야 할 때다

지금까지 앞에서 언급했던 '모멘텀의 상실'이 모멘텀 투자의 진정한
매도 방식이라고 생각합니다. 모멘텀이 상실되기 전까지 장기적인
투자를 해야 흔히 말하는 꿈의 '텐베거(10배 상승하는 주식)'를 실현할
수 있게 됩니다.

그럼에도 불구하고 많은 이들이 단기적인 모멘텀 투자를 통해 짧
게 짧게 수익을 확정시키고 싶어 합니다. 이런 성향의 수요가 많을
수밖에 없는 이유 또한 이해가 됩니다. 몇 배씩 오르지 못하고 이내
추세가 꺾이는 종목이 많기 때문일 것입니다.

지금부터는 단기적으로 모멘텀 투자의 가장 시의적절한 매도시점을 기술적인 측면(차트)에서 살펴보기로 하겠습니다.

일단 매수시점은 지속적으로 언급했던 것처럼 '대형호재와 거래량 급증 시점'입니다. 이 시점에서 매수를 했다면 지속적으로 보유하며 추세가 유지되는지 지켜봐야 할 것입니다. 흔히들 말하는 골든크로스*와 데드크로스*는 아주 오래된 기법이기 때문에 현재 시장에서는 오히려 전혀 이용되지도 않고, 이를 이용해 매도 타이밍을 잡는다면 맞지도 않습니다.

* **골든크로스:** 주식 차트에서 단기 이동평균선(예: 5일선, 20일선)이 장기 이동평균선(예: 60일선, 120일선)을 아래에서 위로 돌파하는 현상. 이는 일반적으로 상승 추세의 시작을 알리는 매수 신호로 해석함

* **데드크로스:** 주식 차트에서 단기 이동평균선(예: 5일선, 20일선)이 장기 이동평균선(예: 60일선, 120일선)을 상단에서 하단으로 돌파할 때 발생함. 이는 주가의 하락 추세 전환 가능성을 시사함

모멘텀 투자에 해당하는 주식들은 10일 이평선과 20일 이평선을 집중적으로 관찰해야 한다고 생각합니다. 특히 제대로 모멘텀을 받은 주식이라면 10일 이평선을 깨지 않고 상승하는 것이 일반적인데, 이는 어디에 나와 있는 공식 같은 것이 아닌 필자가 오랜 시간 국내 주식시장을 관찰해서 얻은 결론입니다.

10일 이평선을 종가상으로 이탈해서 3일째까지 10일 이평선을 딛고 올라서지 못한다면, 단기적으로 모멘텀이 상실된 것으로 판단합니다. 재료의 강약에 따라 20일 이평선을 3일 이상 종가로 이탈하

는 것 역시 하나의 방법이지만, 20일 이평선까지 내려오게 되면 지금까지 상승했던 수익률을 상당 부분 되돌려놓기 때문에 필자는 10일 이평선을 더 선호합니다.

 ## 모멘텀 투자의 10일 이평선 이탈에 의한
투자 수익 실현 확정 사례들

실리콘투의 경우를 살펴보면, 2024년 1분기 실적을 발표한 5월 9일에 실적 서프라이즈의 모멘텀이 발생합니다. 이후 약 두 달 넘는 기간 동안 10일 이평선을 타고 지속적으로 상승합니다. 단 하루의 이탈도 없이 6월 24일까지 이 상태가 유지됩니다. 하지만 25일 종가에서 10일선을 하향 이탈하고, 27일까지 3일 연속으로 10일 이평선을 하회하며 시장을 마감합니다. 단기적으로 두 달 전에 발생한 어닝서프라이즈의 모멘텀이 약화되는 시기입니다.

　다음 모멘텀은 한 달 반 뒤에 있을 2024년 2분기 실적 발표일 텐데, 아직 시간이 많이 남아 있습니다. 그러니 단기적으로 실리콘투의 모멘텀 투자의 수익을 확정하는 시점으로 볼 수 있습니다.

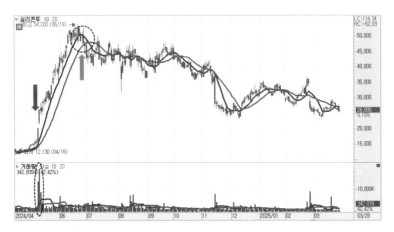

삼성전자의 콜옵션 행사로 최대주주가 삼성전자로 바뀐 레인보우
로보틱스의 경우를 살펴보겠습니다. 2025년 1월 2일 21만 원이 진
입 시점이었습니다.

삼성전자가 12월 말일에 콜옵션을 행사하면서 다음 거래일인
1월 2일에 점상한가를 기록하면서 거래가 되었습니다. 1월 23일 일
시적으로 종가에 10일 이평선을 하회하며 마감했지만, 다음 날 바로
장대양봉을 세우며 다시 한번 상승추세로 확실히 돌아섰습니다. 이
후 2월 21일까지 약 한 달간의 추세로 404,000원까지 상승한 이후
로 26일에 3일째 종가로 10일선을 이탈합니다. 종가 기준 386,000
원으로 투자 수익을 확정시킵니다. 대략 한 달 반 동안 84%의 수익
을 냈습니다.

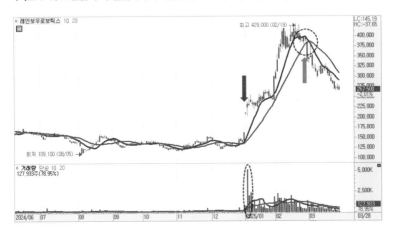

　다음으로는 한화에어로스페이스입니다. 2025년 2월 11일, 지난해(2024년) 4분기 실적을 발표했습니다. 시장 기대치를 크게 웃도는 서프라이즈를 기록했습니다. 어닝서프라이즈에 대량거래를 수반한 장대양봉이므로 모멘텀 투자로 아주 적합한 시점이었습니다. 여기서 매수를 했다면 지속적으로 보유하면서 상승랠리를 즐길 수 있었습니다.

　2025년 2월 26일과 27일에 연속해서 음봉이 나오면서 차트상으로 좋진 않았습니다. 하지만 아직 10일선 위에서 유지하고 있습니다. 28일에 또 한 번의 음봉이 발생하면서 10일선을 이탈했습니다. 통상적인 기술적 차트로 보면 '흑삼병*'의 등장입니다. 흑삼병의 등장은 완전한 하락추세로 시작하는 첫걸음으로 풀이합니다. 하지만 옛날 방식의 기술적 분석은 현재 시장에선 잘 통하지 않습니다. 실제로 차트를 본다는 사람들은 2월 28일에 손절을 많이 했을 것입니다. 하지만 다음 날 장대양봉을 기록하며 다시 10일 이평선 위로 추세를 유지합니다.

* **흑삼병:** 흑삼병(黑三兵)은 주식 차트에서 나타나는 3개의 연속된 긴 음봉(하락 캔들)로 구성된 패턴으로, 상승 추세의 종료와 하락 추세의 시작을 알리는 강력한 약세 반전 신호임

　대규모의 유상증자 영향이었긴 하지만 3월 24일을 기점으로 3일째 종가로 10일 이평선을 이탈하면서 모멘텀 투자의 수익을 확정하는 날이 된 셈입니다. 앞서 흑삼병의 등장이 종가상 594,000원이고, 3월 24일의 종가가 654,000원이니 대략 10% 정도의 추가 수익이 가능했습니다.

〔**자료 3-6**〕 모멘텀 투자 관점에서의 한화에어로스페이스의 매수 및 매도 시기

다음으로는 삼양식품의 사례를 살펴보겠습니다. 삼양식품의 경우, 2024년 5월 17일 어닝서프라이즈를 동반한 점상한가를 기록한 이후에 정석적으로 10일 이평선을 타고 우상향하면서 6월 24일까지 10일 이평선 위에서 종가를 형성합니다. 하지만 이후 3일간 연속으로 종가상 10일 이평선을 하

[*] **상승 사이클:** 시장에서 소외되었던 기업의 주가가 저점에서 출발해 본격적으로 관심을 받아 이익의 성장과 밸류에이션 상승을 수반하며 주가의 고점을 기록하는 과정을 총칭함. 한 상승 사이클은 바닥 구간, 초기 상승, 본격 상승, 후반부 과열, 사이클 종료의 단계를 거침

향 이탈하면서 지난 분기의 어닝서프라이즈에 대한 모멘텀의 한 상승 사이클*을 마무리했습니다.

〔자료 3-7〕 모멘텀 투자 관점에서의 삼양식품의 매수 및 매도 시기

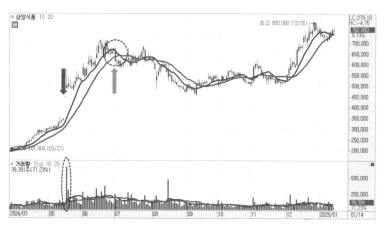

PER 20배라는 지표가 흔히 한 사이클의 고점으로 작용한다

앞에서 소개한 삼양식품의 경우 상승 사이클에서 찍었던 고점이 718,000원이었는데, 지나고 나서의 결과이긴 하지만 2024년 실적 기준으로 PER 20배의 가격이 72만 원이었습니다. 제조업의 상승 사이클의 단기적인 고점 PER 20배에서 고점을 형성하고 단기적인 모멘텀 상승 사이클을 마무리한 것입니다.

삼양식품의 주가 흐름을 보면, 주식시장이 기업의 실적과 밸류에이션을 얼마나 정교하게 반영하는지 다시금 확인할 수 있는 사례라고 판단됩니다. 특히 'PER 20배'라는 지표가 단기 고점으로 작용했다는 점이 인상적입니다. 결국 주가가 더 오를 것 같았음에도 불구하고, 시장은 이미 실적 대비 적절한 밸류에이션 수준을 계산하고 있었다는 점에서 시장 효율성이 증명된 셈입니다.

특히 제조업 주식의 상승 사이클이 끝나는 구간에서 이런 밸류에이션 리미트*가 작용하는 모습은 다른 종목의 고점을 짚어낼 때도 참고할 만한 포인트라고 판단됩니다. 다시 한번 '시장은 항상 옳다'는 것을 체감합니다.

> * **밸류에이션 리미트:** Valuation Limit. 밸류에이션의 한계치를 뜻함. 통상적으로 주식시장에서 사용하는, 기업이 최대로 받을 수 있는 밸류에이션 평가를 의미함. 즉 기업의 가치가 아무리 좋아도, 시장에서 받아들일 수 있는 최대 한계가 있다는 개념임

실적을 모멘텀의 기반으로 하는 종목의 경우 실적이 다시 상승하면 추세를 되돌리기도 합니다. 삼양식품의 경우 2024년 2분기와 3분기에는 실적이 부진했지만, 4분기부터 다시 서프라이즈를 기록하며 상승추세로 되돌아갔습니다.

2025년 4월 기준 삼양식품의 연간 순이익*은 컨센서스 평균 3.52조 원, 상단은 3.9조 원입니다. PER 20배로 추정 환산해보면 2025년의 주가 고점은 934,000원에서 1,035,000원에서 형성될 가능성이 높습니다. 물론 현재의 추정치가 유지된다는 전제이며, 추

> * **연간 순이익:** 기업이 1년 동안 벌어들인 순수한 이익임. 영업활동을 통해 벌어들인 영업이익에서 세금을 납부한 이후의 세후 이익을 의미함. 투자자들은 이 숫자를 보고 회사가 돈을 잘 버는지, 성장 중인지를 판단함

가적인 전망치 상향이 나온다면 주가의 고점은 더 높아질 것입니다.

모멘텀 투자를 기술적으로 푼다면 삼양식품은 44만 원에 매수해서 70만 원에 매도하고 끝인 셈이나, 불닭볶음면의 추세를 끝까지 관찰하는 투자자라면 103만 원의 고점을 향유할 수 있다는 점에서 기술적 관점에서의 수익 실현 확정은 그 장단점이 뚜렷하다고 볼 수 있습니다. 그러므로 각자의 형편에 맞게 취사선택하길 바랍니다.

한화에어로스페이스의 경우에도 2025년 3월 18일 고점이 시총 30조 원 수준인데, 올해(2025년) 시장의 컨센서스 순이익이 1.5조 원인 것을 감안하면 PER 20배를 찍은 셈입니다.

- PER 20배는 모멘텀을 극대화한 후 매도하기에 적절한 시점이다
- 업종의 특성을 고려한 PER 20배의 적용 사례들

CHAPTER 3

밸류에이션의
최고점에서는
미련 없이 매도하라

PER 20배는 모멘텀을 극대화한 후
매도하기에 적절한 시점이다

코스피의 평균 PER은 대략 10배입니다. 시점에 따라 다르겠지만, 아주 오랜 기간 10배에서 등락을 보이고 있습니다. "미국이나 선진 시장* 대비 PER이 낮으니 올라야 한다"는 사람들이 있으나, 산업의 구성을 보면 우리나라가 낮을 수밖에 없습니다. 우리나라 코스피의 근간이 제조업이기 때문입니다.

우리나라 주식시장의 시가총액 1위부터 7위까지가 모두 제조업이며, 10위 이내 기업 중 두 곳만 빼고는 모두 제조업입니다. 구글, 마이크로소프트, 메타 등이 시총 상위에 포진되어 있는 미국 시장 대비 PER이 낮은 것은 당연한 일입니다.

아무튼 우리 한국시장의 PER은 10배가 기준이 되며, 이는 곧 제조업의 평균 PER이기도 합니다. 과거 우리 시장을 역사적으로 되짚어보면 해당 섹터* 내에서 모멘텀이 급성장하면서 실적이 증가하는 구간에서는 최대 시장 PER의 2배까지는 인정을 해줬던 것으로 보입니다. 즉 PER 10배가 아닌 PER 20배에서 주가의 고점이 형성된다는 말입니다.

앞서 언급했던 한화에어로스페이스도 예상 PER의 20배에서 올해(2025년 1분기 기준) 고점을 일단 형성했고, 삼양식품도 지나고 보니 작년(2024년) 고점이 작년 순이익의 20배에서 시총 고점을 형성했습니다. 이처럼 상당히 많은 사례들이 있습니다. 마치 시장에서 그렇게 하기로 합의라도 한 것처럼 말입니다.

이러한 관점에서 보면, 모멘텀 투자로 매수한 종목들의 앞의 2가

* **선진시장**: 경제와 자본시장이 고도로 발달한 국가를 의미함. 이러한 시장은 안정적인 경제 성장, 높은 1인당 소득, 효율적인 금융 시스템, 투명한 법률 및 규제 체계, 외국인 투자자에 대한 개방성 등의 특징을 갖추고 있음. MSCI, FTSE 등은 이런 각종 조건들을 기준으로 삼아 선진시장과 신흥시장으로 나눔. 한국은 FTSE Russell에서는 선진시장이지만 MSCI에서는 신흥시장에 머물러 있음

* **섹터**: 유사한 산업군에 속한 기업들을 분류한 단위를 의미함. 투자자들이 시장을 보다 체계적으로 분석하고, 특정 산업의 동향을 파악하며, 포트폴리오를 다양화하는 데 도움을 줌. GICS에 따르면, 주식시장은 다음과 같은 11개 주요 섹터로 나눔. 에너지, 소재, 산업재, 임의소비재, 필수소비재, 헬스케어, 금융, 정보기술, 커뮤니케이션 서비스, 유틸리티, 부동산

지 방법('모멘텀 희석'과 '10일 이동평균선을 통한 기술적 매도')을 통한 수익실현과 함께 'PER 20배'는 모멘텀을 극대화한 후 매도하기에 적절한 시점이라고 판단됩니다.

업종의 특성을 고려한
PER 20배의 적용 사례들

앞서 한화에어로스페이스와 삼양식품의 케이스를 봤으니, 이번에는 최근 1년여간 주도주 역할을 했던 조선주* 세 종목에 대해서 살펴보겠습니다.

세 종목 모두 2025년 1분기에 단기 고점을 형성한 것처럼 보입니다. 그 고점이 2026년 예상 순이익의 20배에

> *** 조선주:** 조선업, 즉 배를 설계하고 건조하는 산업에 종사하는 기업들의 주식을 말함. 쉽게 말해 선박(화물선, 유조선, LNG선 등)을 만드는 회사들의 주식임. 조선주는 글로벌 경기 회복기나 친환경 선박 교체 수요가 증가할 때 주도주로 떠오르기도 함

해당하는 부분입니다. '삼양식품과 한화에어로스페이스는 해당 연도의 PER인데 왜 조선업종은 내년 PER을 적용하느냐' 하는 문제가 있을 수 있습니다. 이 때문에 조선업종을 예시로 들었습니다.

조선업종은 수주를 근간으로 합니다. 선박 제조 기간을 감안하면

이미 2026년뿐만 아니라 2027년까
지의 실적 가시성*이 매우 높습니다.
그 기간 안에 대단한 큰 사건이 발생
하지 않는 한 지금 추정하는 2026년
의 실적 가시성은 매우 높기 때문입니
다. 즉 제조업의 밸류에이션 리미트까
지의 상승을 고려할 때는 무작정 PER

* 실적 가시성: 기업의 향후 실적 (매출, 영업이익 등)을 예측할 수 있는 명확성과 신뢰도를 의미함. 즉 투자자와 애널리스트가 기업의 미래 실적을 얼마나 정확하게 전망할 수 있는지를 나타내는 지표라고 할 수 있음

20배로 적용할 것이 아니라 업황의 특성을 잘 살피면서 다양한 변
수들을 고찰해서 적용해야 합니다.

〔자료 3-8〕 한화오션의 2026년 시장 예상치 PER 20배 가격

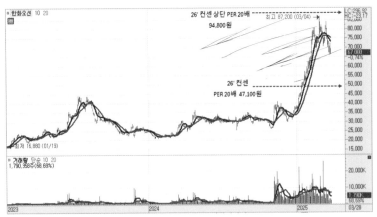

* 컨센서스 상단은 시장에서 예상하는 최상단 전망치를 의미, 컨센은 시장 예상치의 평균

〔자료 3-9〕 삼성중공업의 2026년 시장 예상치 PER 20배 가격

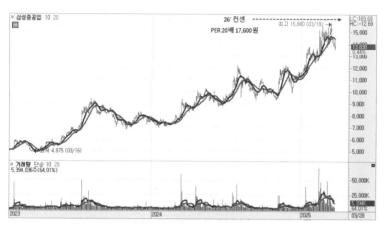

* 컨센서스 상단은 시장에서 예상하는 최상단 전망치를 의미, 컨센은 시장 예상치의 평균

〔자료 3-10〕 HD현대중공업의 2026년 시장 예상치 PER 20배 가격

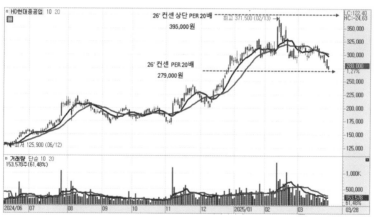

* 컨센서스 상단은 시장에서 예상하는 최상단 전망치를 의미, 컨센은 시장 예상치의 평균

MOMENTUM
INVESTMENT

위험하지만 매력적이다!
상한가 따라잡기의 전략

MOMENTUM

큰 맥락에서 보면 상한가 따라잡기는 모멘텀 투자의 하위개념입니다. 다만 모멘텀 투자와 상따의 가장 큰 차이는 '공략하는 대상'의 차이라고 볼 수 있습니다. 모멘텀 투자는 주도주를 대상으로 하고, 상따는 상당히 높은 비율로 테마주를 위주로 하거나 개별 재료를 대상으로 합니다. 즉 모멘텀 투자와 상따 모두 '재료'를 기반으로 한다는 공통점이 있지만 공략하는 기업의 시가총액, 수급, 지속성에서 차이가 있습니다.

상따는 변동성이 매우 크기 때문에 초보 투자자들에게는 추천하기 어렵습니다. 따라서 상따 투자를 할 때는 모멘텀 투자와 마찬가지로 반복적으로 학습하고, 재료들의 강도와 지속성을 기억하며 새롭게 발생하는 이벤트에 적용해서 단기간에 최대한의 수익을 확보할 수 있도록 노력해야 할 것입니다.

상따는 '투자할 종목을 내가 아닌 시장이 선택해준다'는 점에서 모멘텀 투자와는 사뭇 다르기도 합니다. 상한가에 사는 것을 원칙으로 하는 것이니 시장에서 상한가까지 상승시켜준 것을 상한가에 매수한다는 점에서 모멘텀 투자와는 차이가 있습니다. 상한가에 매수잔량을 쌓고 종가를 마감하게 된다면,

INVESTMENT

미국 시장의 등락이나 대외적인 변수에 시세가 크게 흔들리지 않고 다음 날 매우 높은 확률로 갭상승이 일어난다는 점이 장점이라고 할 수 있습니다. 이에 더해 익일에 점상한가를 기록할 경우를 제외하고는 익일이 명확한 매도시점이라는 것 또한 장점이라고 볼 수 있습니다.

이러한 상따의 장점과 방법론을 잘 지키며 매매한다면, 상따 매매는 폭발적인 수익률을 가져다줍니다. 특히 상한가 근처에서는 유동성이 매우 풍부하기 때문에 재료의 리스크를 적당히 감안할 수 있다면 많은 금액을 사고파는 것이 상대적으로 용이해 폭발적인 수익률을 가져다주는 매매법이라고 할 수 있습니다.

다만 또 한 번 당부하고 싶은 말은 "공부하고, 조심하라"는 것입니다. 현재 시장에서 상따 매매를 하는 수급은 한정적으로 정해져 있는 상황인데, 매우 높은 투자 지식과 빠른 시스템을 가진 투자자들만 남아 있는 것으로 보입니다. 따라서 상따는 충분한 경험과 반복적 학습을 반드시 거친 후에 시도하기 바랍니다.

- 리스크가 크지만 몇 달 새 계좌가 10배가 되기도 한다
- 주식시장의 엄청난 고통을 상따가 최소화해준다
- 계좌의 수익률이 하루 만에 30% 이상 증가하는 마법
- 감당할 수 있는 금액을 상따 매매만을 위한 계좌로 옮겨라

CHAPTER 1

우리가 미처 몰랐던
상한가 따라잡기의 매력

리스크가 크지만 몇 달 새 계좌가
10배가 되기도 한다

모멘텀 투자 방식에서 시간을 압축해서 매매하는 방식이 바로 '상한가 따라잡기'입니다. 이른바 '상따'라고들 말합니다. 이는 어떤 종목이 상한가까지 올라오면 상한가에 사서, 그 다음 날 갭상승을 하면 팔든가, 아니면 갭상승 이후 더 높은 고점을 향해 달려갈 때 매도해 수익을 극대화하는 매매법입니다.

언뜻 들으면 이런 멍청한 방법의 투자가 있나 싶기도 하고, 한편으로는 심플하지만 매우 어렵고 위험한 매매법이라는 생각도 듭니다. 상따는 상한가가 있는 한국이나 대만, 중국 같은 시장에서만 할 수 있는 매매법입니다.

가격 제한폭*(상한가, 하한가)이 30%로 확대되면서 과거에 비해 상한가 종목이 많이 줄었지만, 지금도 시장에서 이러한 매매를 하는 투자자가 꽤 있습니다. 상따 매매기법은 가히 계좌 수

* **가격 제한폭:** 주식시장에서의 가격 제한폭은 개별 종목의 주가가 하루 동안 상승하거나 하락할 수 있는 최대 범위를 의미함. 우리나라 주식시장은 2015년 6월부터 15%에서 30%로 확대되었음

익률을 폭발적으로 끌어올릴 수 있는 방법입니다. 하지만 그만큼 상당히 위험한 매매 방법이고, 무작정 아무런 공부 없이 했다가는 일주일 만에도 깡통을 차기 십상인 매매 방법입니다. 상따는 매우 리스크가 크지만 성공할 경우에 석 달에 계좌가 10배가 되기도 하는 마법 같은 매매법입니다.

주식시장의 엄청난 고통을 상따가 최소화해준다

시장에서 상따 매매를 하는 논리에는 여러 가지가 있지만, 필자가 상따 매매의 가장 합리적이고 핵심적인 접근 방법이라고 여기는 것 중 하나는 주식 매매 고통에서의 회피라고 생각합니다. 이러한 고통

으로의 회피 논리는 다음과 같습니다.

"주식투자는 시작하는 순간부터 고통이다. 어떤 주식을 사야 할지 고민하는 고통, 그 주식을 지금 살까 말까 하는 선택의 고통, 샀는데 떨어지면 고통, 안 샀는데 올라가면 더 고통, 더불어 샀는데 조금 샀더니 많이 오르면 고통, 더 올라갈 것 같아서 고점에서 더 샀더니 고통, 반면에 팔았더니 올라가면 고통, 안 팔았더니 떨어지면 고통, 즉 주식투자는 모든 것이 고통이다. 그런데 상따는 그런 고통을 최소화해준다."

상따가 주식시장의 엄청난 고통을 최소화해주는 이유는 다음과 같습니다.

첫째, 투자해야 할 종목을 내가 선택하지 않습니다. 시장이 골라줍니다. 상한가에 사는 것이기 때문에 상한가까지 시장이 올려주면 나는 상한가에 딸깍하며 사면 되기 때문에 어떤 종목을 사야 할지 고통스럽게 생각하지 않아도 된다는 것입니다. 시장이 선택해주는 종목을 사면 된다는 말입니다. 달리 말하면 상한가까지 올라올 힘, 즉 매수세가 부족한 종목에 대해 내가 고민하지 않아도 된다는 점은 상따 매매법의 큰 장점이기도 합니다. 물론 상한가까지 상승했다고 하더라도 앞서 언급한 '모멘텀 투자의 방법론'에 해당하는 호재들이 있는 종목만을 선택해서 매매해야 합니다.

둘째, 상한가로 잠기면 수많은 매수잔량이 상한가에 쌓이게 됩니다. 일반적으로 주식을 사게 되면 '다음 날 오를까, 떨어질까'로 고민하게 됩니다. 하지만 상한가는 다릅니다. 내가 샀던 상한가 가격에 주식을 사고 싶어서 매수잔량을 쌓아두고 줄을 서 있습니다. 적게는 몇 십만 주, 많게는 몇 천만 주씩 내가 산 가격에 줄을 서서 대기하고 있습니다. 이렇게 줄을 선다고 해서 내일 100% 상승한다는 보장은 없지만 적어도 99% 이상의 상승 확률을 기대할 수 있습니다. 길게 줄을 서면 설수록 내일의 상승폭은 더욱 클 것이라는 희망이 있습니다. 그러면 매일 밤 미국 주식시장을 보며 '내가 가진 주식이 내일 과연 오를 수 있을까' 하고 걱정하는 고통은 사라집니다. 실제로 많은 상한가 주식들의 경우 미국 주식시장이 2~3%만 급락해도 다음 날 갭상승 출발하는 일이 매우 높은 확률로 우리나라 주식시장에서 반복되고 있습니다.

셋째, 매도시점이 명확합니다. 상따에도 여러 가지 매도 타이밍이 있겠지만, 적어도 다음 날 파는 것이 대부분의 상따 매매법의 원칙입니다. 물론 예외는 있습니다. 다음 날에도 시가가 상한가로 시작해서 매수잔량을 몇 백만 주씩 쌓아놓은 이른바 '점상한가(시가가 상한가인 경우 속칭 점상한가라고 부릅니다)'의 경우를 제외하고는 상한가에서 매수한 다음 날 적절한 시점(대부분 오전 9시 개장 후 30분 이내)의 고점에 팔면 됩니다. 그러니 매도 타이밍에 대한 고통이 적게는 1~2분이고, 길어봤자 30분이 넘지 않습니다.

넷째, 매수금액의 적정성에 대한 고민도 줄일 수 있습니다. 평소에 거래대금이 10억 원도 안 되는 종목들조차 상한가 근처까지 상

승하게 되는 날에는 거래대금이 적어
도 몇 백억 원 이상이고 몇 천억 원은
기본입니다. 나의 투자금이 몇 십억
원, 몇 백억 원이 아니라면 나의 계좌
전체 금액만큼 사고팔고가 3~4개 호
가*(틱)에서 해결이 가능합니다. 앞서
말한 것처럼 조금 사서 올랐는데 더
샀더니 빠지는 경우와 같은 고통을 최
소화할 수 있습니다.

> * **호가:** 투자자가 특정 주식을 사
> 고팔기 위해 제시하는 가격을 의
> 미함. 즉 매수자는 자신이 사고자
> 하는 가격(매수 호가)을 제시하고,
> 매도자는 팔고자 하는 가격(매도 호
> 가)을 제시하며, 이 가격들이 일치
> 할 때 비로소 거래가 체결됨. 호가
> 단위는 주식의 가격대에 따라 다
> 르게 설정됨

계좌의 수익률이 하루 만에
30% 이상 증가하는 마법

상따 매매의 가장 큰 매력은 '계좌 수익률이 폭발적으로 증가할 수
있다'는 점입니다. 물론 리스크도 그만큼 크게 따르긴 하지만 몇 가
지 원칙과 다양한 종류의 사례에 대한 이해가 있다면 그 리스크를
잘 조절하면서 일반 투자자들은 상상도 하지 못할 폭발적인 수익률
을 거둬들일 수 있는 장점이 있습니다.

앞서 언급한 것처럼 상한가 근처까지 올라온 주식의 유동성은 상상을 초월합니다. 투자자의 계좌가 수십억 원을 넘어가지 않는다면 한 번에 사고 한 번에 파는 매매가 불과 1~2초 안에 해결될 정도로 유동성이 매우 풍부합니다.

리스크 관리 차원에서 계좌에서 비중을 일부러 조정하지 않는 한 어지간한 투자자들의 계좌 전체에 해당하는 금액을 한 종목에 집중 투자할 수 있고, 상따 매매에 성공했을 때 다음 날 계좌의 수익률이 하루 만에 30% 이상 증가하는 마법을 겪게 됩니다. 이것이 바로 상따 매매의 가장 큰 매력입니다.

감당할 수 있는 금액을 상따 매매만을 위한 계좌로 옮겨라

필자가 상따 매매를 본격적으로 했던 시기는 2017년 11월부터 2021년 말까지였습니다. 물론 본격적으로 시작하기에 앞서 대략 2개월 정도를 이른바 '눈팅'을 하면서 가상 매매*를 했고, 실제로 매매를 시작한 시점은 감이 잡혀가던 때인 2017년 11월 13일부터였습니다. 물론 내 투자자산의 전체를 투자하진 않았습니다. 상따 매매가 처음이었고, 이른바 말하는 깡통 계좌*가 두세 번 날 것을 감안하고서 필자가 감당할 수 있는 금액을 상따 매매만을 위한 계좌로 옮겨서 시작했습니다.

실전 투자에 나서기 전 2개월여 동안의 눈팅과 가상 매매를 통한 연습에 충실한 결과, 상따 계좌에서의 수익률은 여태까지 경험해보지 못한 어마어마한 과실로 돌아왔습니다.

첫 3개월의 상따 계좌의 수익률은 357%였습니다. 즉 계좌는 최초 투자

* **가상 매매:** 실제 자금을 사용하지 않고 가상의 자금을 이용해 주식 거래를 모의로 체험하는 활동을 말함. 실제 시장 환경을 모방한 시뮬레이션을 통해 투자 전략을 시험하고, 시장의 흐름을 이해하며, 경험을 쌓을 수 있도록 함

* **깡통 계좌:** 투자자의 계좌에 남은 자금이 거의 없거나, 심지어 마이너스 상태에 이른 상황을 일컫는 속어. 이는 주식투자에서 큰 손실을 입어 계좌의 예수금이 바닥나거나, 신용거래로 인해 오히려 빚이 생긴 경우를 의미함

금의 4.5배가 되어 있는 상태였습니다. 계좌 크기를 감당할 수 있을 만큼 설정했기 때문에 상한가 종목을 살 때는 거의 계좌 금액의 100%로 들어갔습니다. 적지 않은 금액의 계좌였지만, 두어 번 깡통이 나도 다시 일어설 수 있을 정도로 배분했었기 때문에 상따 매매가 크게 부담스럽지는 않았습니다. 초기에는 원칙에 충실했기 때문에 리스크가 크다고 생각하지 않아서 과감한 투자가 가능했습니다.

이에 더해 2017년 11월부터 연말까지는 강력한 테마가 있었습니다. 그것은 바로 '가상화폐'였습니다. 다들 기억하겠지만, 2017년 연초에 100만 원도 하지 않았던 비트코인의 가격이 연말에 최고점

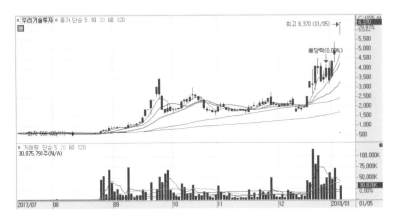

[자료 4-1] 우리기술투자의 2017년 하반기 일봉차트

2,499만 원을 찍던 시기였습니다. 주식시장에서 가장 좋아하는 '처음 보는 것'과 '전 세계인의 관심을 끄는 것'에 모두 해당하는 재료였습니다. 그 당시 온 국민, 아니 전 세계인이 비트코인에 혈안이 되어 있을 시기였습니다. 국내의 주식시장이 이런 좋은 재료를 놓칠리가 없었고, 그 당시 대장주였던 비덴트, 우리기술투자, SCI평가정보, 위지트 등 가상화폐 거래소 관련주들이 폭발적인 상승을 하던 시기였습니다.

이렇게 성공적으로 시작된 상따 매매 계좌는 그 이후에도 2018년에는 남북정상회담, 2019년에는 바이오와 수소차, 그리고 영화 〈기생충〉의 아카데미상 수상, 2020년에는 코로나19로 인한 진단키트 관련주들의 매매를 거쳐 2021년 11월 12일까지 정확히 만 4년 만

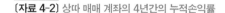

〔자료 4-2〕 상따 매매 계좌의 4년간의 누적손익률

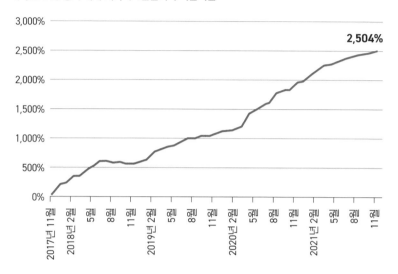

에 2,504%의 수익률을 기록하게 됩니다. 즉 처음 입금한 돈의 25배에 해당하는 금액의 누적 수익률을 기록했습니다.

중간에는 계좌가 아직 필자가 감당할 수 없는 수준까지 빠르게 커져서 매월 일종의 월급처럼 은행 계좌로 옮겨가며 상따 매매 계좌를 적당한 수준으로 유지하기 위해 노력했습니다. 물론 '그 돈을 모두 재투자해서 복리로 수익을 누렸다면 아마 10,000%쯤 되었겠지'라는 망상은 단 한 번도 해보지 않았습니다.

중간에 한번 나락을 가는 실수를 할 경우 회복이 불가능했을 것이라고 생각하며 2,504%의 수익을 끝으로 필자의 매매 스타일은 상따

매매에서 일반 모멘텀 투자로 무게중심을 이동시켰습니다. 다만 지금도 간간히, 이건 절대 놓쳐선 안 되는 상따라고 생각하는 경우에는 가끔 집중해서 매매하기도 합니다.

가장 최근에 기억에 남는 상따 매매는 2024년 10월 로제의 신곡 '아파트' 수혜주로 알려진 YG PLUS와 한강 작가의 노벨상 수상으로 인한 수혜가 기대되었던 예스24였습니다. 단순 국내 이슈가 아닌 전 세계적으로 이슈가 되는 모멘텀이었고 관련주가 명확했기 때문에 놓칠 수 없는 종목이었습니다.

2024년에는 불과 두 종목의 상따 매매만 했지만, 이틀 연속 상한가를 기록하고 추세적으로 올라 단기간에 2배 이상 올랐던 종목들이어서 꽤 높은 수익을 기록했습니다. 상따 매매는 이렇듯 정확한 방법론을 인지한 상태에서 높은 관심을 가지는 종목이 나오면 대응할 수 있기 때문에 위험성이 있더라도 한 번쯤은 공부해보는 것을 추천합니다.

- 상한가를 예측하지 말고, 상한가에만 사고판다
- 강력한 테마, 처음 보는 테마에는 반드시 집중한다
- 상따 매매에서는 오직 대장주에만 집중한다

CHAPTER 2

반드시 기억해야 할 상한가 따라잡기의 방법론 1~3

상한가를 예측하지 말고, 상한가에만 사고판다

상따 매매에도 다양한 방법론이 있을 것입니다. 매매하는 방법도 사람마다 다르고, 접근 방식도 다를 것입니다. 흔히 '상따'라는 매매기법이 많이 보편화되어 있고 각자만의 방법이 있지만 필자가 확실히 지키는 원칙이 하나 있습니다. 바로 그것은 '상한가에만 산다'는 것입니다.

상따 매매를 하는 다른 투자자들의 경우 상한가가 예상되는 종목을 20~25% 사이에 미리 삽니다. 하지만 필자는 이 방법을 추천하지 않습니다.

앞서 상한가 매매의 장점 중 하나는 상한가에 사기 때문에 호가가 움직이지 않고 대기매수세*가 폭발적이어서 큰 금액을 살 수 있다는 것이라고 말한 바 있습니다. 하지만 상한가에 가기 전에 매수를 할 경우에는 많은 금액을 사서 높은 변동성을 견뎌내야 하는데 이는 쉽지 않습니다. 특히나 '상한가까지 상승할 것'이라고 예측한 이유가 당일에 무언가 호재가 있기 때문이라면 시장의 집중을 받을 텐데, 이 경우에는 장중 변동성*은 매우 높아집니다. 소액이라면 모를까 많은 금액을 매수해서 그 높은 변동성을 견뎌내는 것은 심장 건강에 좋지 않을 수 있습니다.

* **대기매수세:** 실제 자금을 사용하지 않고 가상의 자금을 이용해 주식 거래를 모의로 체험하는 활동을 말함. 이는 투자자들이 실제 시장 환경을 모방한 시뮬레이션을 통해 투자 전략을 시험하고, 시장의 흐름을 이해하며, 경험을 쌓을 수 있도록 도와줌

* **장중 변동성:** 하루 동안 주가나 지수가 얼마나 크게 움직이는지를 나타내는 지표. 이는 개장 시점부터 폐장까지의 고가와 저가의 차이로 측정되며, 시장의 불확실성과 투자자 심리를 반영. 특정한 이벤트가 발생했을 경우 고가와 저가의 차이가 매우 크게 발생함

더불어 내가 예상한 상한가 종목이 상한가로 굳을 확률이 50% 이상을 넘겨야 이 경우의 매매 본전(물론 굳어서 다음 날 갭상승의 경우를 빼고)을 기록할 텐데, 시장의 상황에 따라 다르겠지만 1년 정도의 장기 시계열을 놓고 봤을 때 우리나라 주식시장에서 상한가를 터치하고 이탈하는 종목의 비율은 대략 60~70%에 이릅니다. 즉 10개 중에 6~7개는 상한가를 굳혔다가도 풀리고 종가를 상한가로 마감하

지 못한다는 말입니다. 그렇기 때문에 상한가를 터치한 것이 아니고 25%쯤 상승했다고 해서 상한가를 예상하고 그 자리에서 덜컥 매수하는 것은 매우 무모한 짓이며, 이게 반복되는 것은 계좌를 크게 좀먹는 짓입니다.

그렇다면 상한가에 샀는데 상한가가 풀린다면 어떻게 할 것인지가 과제로 남습니다. 일단 상따 매매의 기본원칙은 상한가에 사서, 상한가가 풀릴 때는 미련 없이 파는 것입니다. 이 경우 매도세금과 수수료만 손실 처리하면 됩니다.

사실 실제로 상한가에 사서 상한가에 파는 게 말처럼 쉽진 않지만, 만약 이 상한가가 단순히 시세를 올린 후 선취매한 세력이 팔기 위해 만든 상한가일 경우 상한가가 풀렸을 때는 정말 급락을 면하지 못할 가능성이 매우 높습니다. 따라서 본격적인 매매를 하기에 앞서 많은 시뮬레이션과 연습을 통해 상한가에 사서 상한가에 파는 방법을 숙달해야 합니다.

다만 한 번 상한가가 풀렸다고 해서 그 종목을 거기서 손을 떼버리면 안 됩니다. 호재가 떠서 급하게 상한가를 간 종목들은 장기적으로 물려 있던 매도세가 상한가에 한 번 정도는 나올 수 있습니다. 이 물량들의 차익 실현으로 인해서 상한가 매수잔량에 매도를 하기 시작하면 매도가 매도를 불러일으키고 쌓여 있던 매수세는 두려움에 순간적으로 주문취소를 하면서 일시적으로 상한가가 풀릴 경우가 있지만, 상따 매매의 대기 매수세들은 그런 일시적 매도를 잡아

먹고 상한가를 굳히는 경우가 많기 때문에 이를 유심히 살펴야 합니다. 이런 강한 대기 매수세가 있는 종목들을 찾는 방법은 다음 단락에서 설명하기로 하겠습니다.

강력한 테마, 처음 보는 테마에는 반드시 집중한다

주식시장에서 가장 좋아하는 재료 중 하나는 바로 '신선함'입니다. 지금까지 보지 못했던 처음 듣는 재료일수록 시장에서는 강한 매수세가 들어옵니다. 꼭 처음 나오는 재료만 말하는 것이 아닙니다. 수년 전에 말만 나왔다가 다시 가시화되어 돌아오는 재료들 역시 신선합니다. 그리고 그 재료가 허무맹랑하지 않을수록 좋습니다. 초전도체*나 보물선*처럼 허무맹랑한 재료들이 강력한 테마를 형성해서 시

* **초전도체:** 특정 온도 이하에서 전기 저항이 완전히 사라지는 물질. 이러한 상태에서는 전류가 에너지 손실 없이 무한히 흐를 수 있으며, 외부 자기장을 밀어내는 '마이스너 효과'도 나타남. 한국 주식시장에서 초전도체는 과학적 기술 발전과 관련된 테마주로 주목받았었는데, 특히 상온 상압 초전도체 후보물질인 LK-99의 발표 이후 관련 종목들이 큰 변동성을 보이며 투자자들의 관심을 끌어 하나의 테마로 자리 잡았었음

세를 이끌어 나가는 경우가 종종 있긴 하지만, 가급적 허무맹랑하지 않고 신빙성이 있는 재료일수록 좋습니다.

그렇다면 과연 신선하고, 신빙성이 있었던 재료에는 어떤 것들이 있었을까요? 2017년에는 가상화폐가 있었고, 2018년에는 비트코인, 2019년에는 남북정상회담, 2020년에는 코로나19가 있었으며, 근래에는 로봇, AI, 유리기판* 등이 있습니다.

반면에 앞서 말한 것처럼 꼭 처음 나오는 재료는 아니지만 수년 전에 말만 나왔다가 다시 가시화되는 재료들은 어떤 것들이 있었을까요? 2023년

> * **보물선:** '보물선 테마주'는 실체가 불분명한 보물선 인양 소식이나 루머에 기반해 주가가 급등락하는 종목들을 일컬음. 2018년 돈스코이호 사건, 2001년 삼애인더스 사건, 2000년 동아건설 사건이 대표적 사례임

> * **유리기판:** 반도체 칩과 메인보드를 연결하는 기판을 유리 소재로 제작한 것. 기존의 유기기판(플라스틱 기반)보다 데이터 처리량이 많고 전력 소비가 적으며, 더 많은 반도체 칩을 탑재할 수 있는 장점이 있음. 대표적 기업으로는 SKC, 삼성전기, 필옵틱스, 켐트로닉스 등이 있음

에 전기차가 있었고, 최근에는 고대역폭 메모리(HBM)를 꼽을 수 있습니다. 사실 전기차가 처음 나온 것은 이미 2000년 초반이었고, 테슬라의 모델S 역시 첫 등장은 2012년이었습니다. 테슬라 주식이 사람들 입에 오르내리기 시작한 것은 2014년이었지만, 본격적으로 전기차 주식의 대세 상승의 시기는 2023년이었습니다. 이미 사람들의 머릿속에 인지되어 '언젠가는 열리겠지' 했던 시장이었지만, 나중에서야 본격화되면서 강력한 테마를 이끄는 산업군이 된 셈입니다.

그리고 이러한 재료들이 단순 테마가 아닌 주도주로서의 자리를 잡을 가능성을 살펴볼 때는 전 세계적인 현상인지가 중요한 판단 잣대가 될 것이라는 것이 필자의 생각입니다. 가상화폐, 코로나, 전기차, AI, 로봇 이런 테마들의 공통점은 무엇일까요? 국내뿐만 아니라 전 세계적으로 공통적인 주도주였다는 점입니다.

반면에 앞서 언급했던 해프닝 같은 테마주, 즉 보물선이나 초전도체 등 이런 류의 테마들은 국내 한정으로 뜬 테마였습니다. 전 세계적인 현상도 아니고 국내에서 반짝 뜨고 지는 테마이기 때문에 그 지속성도 약하고, 종목의 확산성도 매우 낮은 편에 속합니다. 이런 류의 주식은 말 그대로 투기주 성격에 가깝습니다.

상따 매매에서는
오직 대장주에만 집중한다

상따 매매뿐만 아니라 모든 매매는 '대장주에 집중해야 한다'가 투자의 가장 큰 원칙 중 하나라고 판단됩니다. 하지만 상따 매매에서는 대장주가 더욱더 중요합니다. 그 이유는 상따 매매 자체가 찰나가 중요한 매매인데 여러 종목을 한 번에 보는 것은 사실상 어렵기 때문입니다.

상한가에 들어가는 그 순간이 매수 타점이기 때문에 여러 종목을 동시에 대응하는 것은 사실상 불가능한 영역입니다. 그래서 상따 매매에서는 대장주에만 집중하는 것이 맞습니다. 대장주의 상한가가 가장 강하게 굳고, 다음 날 시세도 가장 강하게 주기 때문입니다.

시간적 여유가 있는 투자의 경우에는 포트폴리오*를 짜서 위험을 분산하고 순환매*를 기다리며 수익률을 챙기는 것이 가능하고, 그렇게 하는 것이 적절한 투자법입니다. 하지만 적어도 상따 매매에서는 무조건 이유를 막론하고 대장주에만 집중해야 합니다.

* **포트폴리오**: 투자자가 보유한 다양한 자산의 조합을 의미함. 이는 주식, 채권, 현금, 부동산 등 여러 자산을 포함할 수 있으며, 주식 내에서도 다양한 산업군, 또는 기업을 조합해 포트폴리오를 형성함

* **순환매**: 투자 자금이 특정 업종이나 테마에서 다른 업종이나 테마로 이동하며 주가 상승이 순차적으로 나타나는 현상을 말함. 이는 시장의 자금이 한정되어 있어 모든 종목이 동시에 상승하기 어렵기 때문에 투자자들이 수익을 실현한 후 새로운 투자 기회를 찾아 자금을 이동시키는 과정에서 발생함. 순환매는 투자자들의 수익 실현 욕구와 새로운 투자 기회를 찾는 심리를 반영함

그렇다면 대장주는 무엇이고, 후발주는 무엇일까요? 일반적인 투자에서는 가장 관련이 있는 종목이 대장주가 맞습니다. 하지만 상따에서는 '가장 강력하게 상승하는 종목'이 바로 대장주입니다. 가장 관련이 있고 가장 강력하게 상승하는 종목이 일치한다면 더없이 좋은 강력한 대장주가 되는 셈입니다.

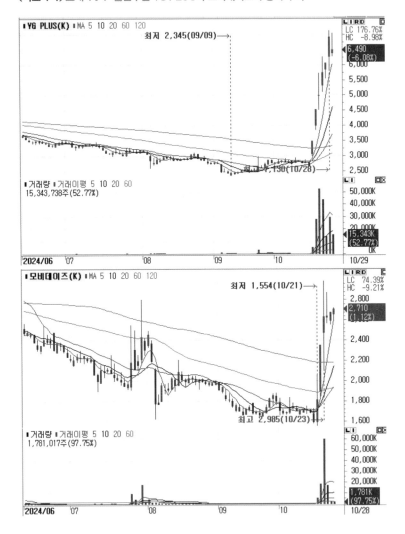

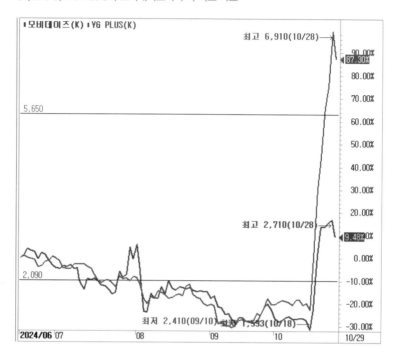

[자료 4-5]는 블랙핑크 로제가 솔로로 독립해서 내놓은 싱글앨범 'APT' 관련 주식인 YG PLUS와 모비데이즈의 주가 차트입니다. YG PLUS는 누가 봐도 로제와 관련성이 높은 주식이며, 상승률도 강력합니다. 금요일에 발표된 'APT'의 유튜브 조회수가 1억 뷰를 넘기면서 월요일인 2024년 10월 21일 바로 강력하게 상한가에 진입했고, 22일에도 시가 14.88%로 시작해 바로 상한가로 직행했습니다. 모비

데이즈의 경우 10월 21일에는 상한가를 터치하고 종가는 13%에 끝났습니다. 앞서 언급했던 상따 매매의 1원칙에 따르면 '상한가가 풀리는 순간 보유해선 안 되는 종목'이 된 셈입니다.

일부 투자자들은 모비데이즈의 시가총액이 YG PLUS의 시가총액의 1/6밖에 안 되니 모비데이즈를 상따해서 마냥 홀딩한 투자자들이 분명 있었을 것입니다. 만일 그랬다면 큰 손실을 기록했을 것입니다.

상한가가 나온 다음 날인 10월 22일을 보면 YG PLUS는 14%의 갭상승을 기록한 후에 상한가로 직행했습니다. 모비데이즈는 이날부터는 2등주로 자리 잡곤 YG PLUS를 쫓아가며 상한가로 그날의 종가를 마감했습니다.

정석적인 상따 매매라면 10월 22일에도 YG PLUS에 집중하는 게 맞습니다. 10월 23일의 결과를 보면 이는 더욱더 명확해집니다. YG PLUS는 시가 10% 상승 후에 고점 상승률 27%를 기록했습니다. 그런데 2등주인 모비데이즈는 어땠을까요? 모비데이즈는 시가 5% 상승 후에 바로 −9.7%까지 하락했습니다. 물론 장 막판에 모비데이즈가 특징주라는 찌라시들이 등장하며 모비데이즈의 급등이 나오긴 했으나, 상따 매매였다면 최대 수익을 올릴 수 있는 기회가 겨우 5%에 불과했습니다. 그런데 그마저도 시가에 팔지 못했다면 손절했을 가능성이 매우 높습니다.

로제의 'APT'가 상한가 랠리를 보이기 일주일 전에 또 한 번의 상한가 랠리가 있었는데, 바로 한강 작가의 노벨 문학상 수상이었습니다. 노벨 문학상 후보로 오른 사실조차 거의 몰랐던 상황에서 갑자기 발표된 수상소식이었기 때문에 주식시장에서 좋아하는 이른바 '서프라이즈(surprise)' 호재였습니다. 한국 작가의 노벨 문학상 수상은 지금까지 한 번도 본 적 없던 현상이었고, 그것도 전 세계적으로 영광스러운 상이었기 때문에 주식시장에서도 강한 매수세가 형성되는 것은 당연한 결과였습니다.

사실 로제의 'APT'처럼 직접적인 관련 주식은 찾기 어려웠으나, 한강 작가의 노벨 문학상 수상으로 인해 관련 산업의 수혜가 예상되었기 때문에 도서 판매와 관련된 주식들이 관련주로 엮이면서 주가가 상승했습니다.

예스24, 한세예스24홀딩스, 컴퍼니케이, 밀리의 서재 등 관련주의 주가가 급등했습니다. 그중에서도 대장주는 단연 예스24였습니다. 한국 시간으로 2024년 10월 10일 밤에 노벨 문학상 수상 소식이 알려졌고, 그날 밤부터 각종 인터넷 쇼핑몰에서 한강 작가의 책에 대한 예약 판매를 시작하면서 재인쇄에 들어갔다는 소식이 각종 언론을 통해 쏟아져 나왔습니다. 그중에서도 특히 교보문고와 예스24가 가장 대응을 잘했고,

> *** 비상장:** 코스피, 코스닥 등 공식 증권거래소에 상장되지 않은 기업의 주식을 의미함. 이러한 주식은 일반적인 주식시장에서는 거래되지 않으며, 주로 스타트업이나 중소기업, 유니콘 기업 등이 해당됨

교보문고는 비상장*이었기 때문에 모든 관심은 예스24에 쏠려 있었

습니다. 당연하게도 10월 11일 금요일 예스24는 시가가 상한가인 점상한가를 기록했고, 월요일인 13일에도 연속 점상한가를 기록하게 됩니다.

[자료 4-6] 한강 작가의 수상 소식 다음 날 한강 작가의 도서 판매량 관련 뉴스

　　PART 4_ 위험하지만 매력적이다! 상한가 따라잡기의 전략

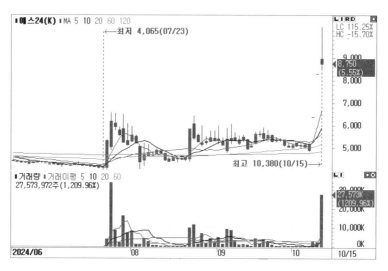

〔자료 4-7〕 한강 작가의 노벨상 발표 이후 상한가를 기록한 예스24 주가 차트

이 부분에서 강조하고 싶은 것은 앞서 언급했듯이 '2등주까지만 사자'는 것입니다. 뒤에 가서 다시 언급하겠지만, 점상한가로 시작한 주식은 '수량배분'이라는 형태로 개장 동시호가*에 주문을 넣은 사람들에게 100주씩 나누어주는 제도입니다. 그러므로 내가 주문 넣은 만큼 주식을 살 수 없이

> * **개장 동시호가:** 주식시장에서 정규 거래가 시작되기 전, 오전 8시 30분부터 9시까지의 30분 동안 진행되는 거래 방식임. 이 시간 동안 투자자들은 매수 및 매도 주문을 제출할 수 있지만, 실제 거래는 이루어지지 않음. 오전 9시에 이 모든 주문을 한꺼번에 체결해 그날의 시가를 결정함

100주만 매수되는 것에 만족해야 합니다. 이 경우에는 2등주를 노

려야 합니다.

당시 2등주는 어떤 주식이었을까요? 당연히 예스24와 가장 관련이 있는 '한세예스24홀딩스'였습니다. 컴퍼니케이, 밀리의서재, 각종 출판 관련 제지 관련주들이 2등주가 되기 위해 노력했지만 수혜가 분명한 예스24와 관련이 있는 종목이 2등주를 차지할 수밖에 없었습니다.

2등주인 한세예스24홀딩스는 예스24가 점상한가를 기록한 10월 11일 금요일에 시가가 19% 상승해서 시작해 장중 변동성을 거친 후 오전 10시 30분경 상한가로 굳어졌습니다. 반면에 3등이라고 볼 수 있는 컴퍼니케이는 오후 장마감이 거의 가까워져서야 겨우 상한가를 굳혔습니다.

그 이후 결과는 어땠을까요? 10월 14일 월요일에 예스24는 다시 한 번 점상한가를 기록했습니다. 거래량은 오히려 11일보다 줄어들면서 점상한가를 기록했습니다. 2등주였던 한세예스24홀딩스는 시가에 24.7% 상승해서 다시 한 번 상한가를 기록했고, 3등주였던 컴퍼니케이는 시가 13% 상승 출발했지만 바로 주가가 꺾여 종가는 보합으로 마감했습니다.

이 시점 기준으로 대장은 명백하게 예스24였지만, 점상한가였기 때문에 열외가 됩니다. 물론 수량배분으로 많은 양을 살 수 있는 편법도 있지만, 이를 차치하면 사실상의 대장은 한세예스24홀딩스가 됩니다. '상따 매매를 하며 2등주까지만 사야 한다'고 말한 이유가

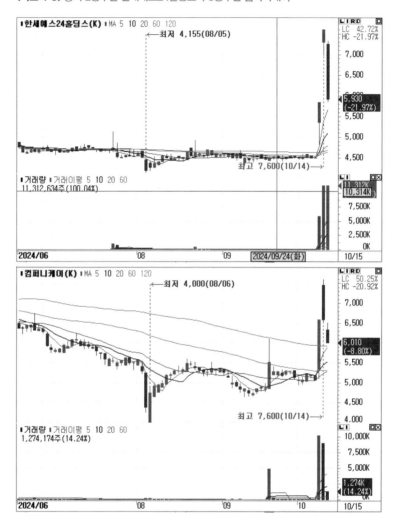

바로 이런 점 때문입니다. 상따 매매의 원칙은 대장주만 사는 게 맞습니다. 하지만 대장주를 살 수 없는 상황이라면 대신에 2등주를 대장주로 잡고 플레이할 수 있는 유연함이 있어야 합니다. 이 경우 다음 날 시가 24% 이상의 수익과 연속 상한가의 희열이 기다리고 있을 수 있기 때문입니다.

3등인 컴퍼니케이에 집중했다면 장중 내내 고생이 심했을 것이고, 다음 날 수익 실현을 하면서도 2등주를 보며 뭔가 개운치 않았을 것입니다. 투자를 해본 분들은 대부분 공감하겠지만, 이런 개운치 않은 기분은 그날 장중에 뇌동매매를 일으키게 하고 결국 많은 손실을 불러오기 마련입니다.

그렇다면 여기서 로제의 'APT' 관련주였던 YG PLUS는 연속 점상한가가 아니었고, 예스24는 왜 연속 점상한가가 가능했는지 그 이유가 궁금할 것입니다. 물론 시가총액이 YG PLUS가 더 컸기 때문이기도 하겠지만, 한세예스24홀딩스와 예스24의 합산 시총은 YG PLUS와 비슷하기 때문에 단순 시총 문제 때문만은 아니라고 판단할 수 있습니다. 그럼 무엇이 이 차이를 만든 것일까요? 그것은 바로 '뉴스의 연속성'이 아닐까 판단합니다.

로제의 'APT' 관련주 시세는 월요일부터 시작되었습니다. 다른 콘텐츠의 유튜브 조회수가 하루 사이에 주말 내내 누적되었던 'APT'보다 확연히 늘어나거나, 빌보드 차트가 새롭게 발표되어서 순위권 안에 드는 강력하고 새로운 호재가 등장하기까지 물리적인

🔵 뉴스핌 · 2024.10.11.

'노벨문학상' **한강** 저서, **판매량** 급증...서점가 주문 폭주
[서울=뉴스핌] 이지은 기자 = **한강** 저서 판매 TOP 5 [사진=예스24] 2024.
10.11 alice09@newspim.com 교보문고에서도 **한강**의 도서 **판매량**이 수상
발표 이후 451배... **한강**이 한국 작가 최초로 노벨 문학상을 수상, 2000...

📰 경향신문 · 2024.10.11. · 네이버뉴스

한강 '작별하지 않는다'...**판매량** 3422배 증가 [**한강** 노벨문학상]
문학과지성사 관계자는 "<바람이 분다, 가라> <여수의 사랑> <노랑무늬
영원> 등의 소설집을 비롯해 장편소설, **한강** 작가의 유일한 시집인 <서랍
에 저녁을 넣어 두었다>도 **판매량**이 급증하고 있다"고 전했다. 당초 한...

📰 경향신문 · 2024.10.11. · 네이버뉴스

일본 언론 "**한강**은 'K문학' 선두"...서점엔 특설 코너[**한강** 노벨...
한강의 **노벨상** 수상 소식에 <작별하지 않는다> 등을 번역 발간한 하쿠스
이샤(白水社)는 즉시 증쇄를 결정했다고 교도통신은 전했다. 일본. **한강**
'작별하지 않는다'...**판매량** 3422배 증가 [**한강** 노벨문학상] 2024년 노벨...

📊 아시아경제 PiCK · 2024.10.11. · 네이버뉴스

한강 소설 관심 폭발...교보문고 **판매량** 451배 급증 '품귀 현상'
한강 소설 **판매량** 증가폭은 지난해 **노벨상** 수상자 욘 포세의 작품 **판매량**
증가분 294배 높다. 수상 발표 이후, 교보문고 온라인 베스트셀러 상위 1
위부터 9위까지 모두 **한강**의 소설이 차지했다. 교보문고는 '채식주의자',...

📺 연합뉴스TV · 2024.10.11. · 네이버뉴스

한국인 첫 노벨문학상 쾌거...시민들 서점 발길 이어져
되게 대단하시다 생각이 들었고 이를 계기로 한국인이 더 많이 노벨문학
상 뿐 아니라 다른 **노벨상**도 많이 받게 되면 좋겠다는...." 수상 소식이 전
해진 뒤 12시간 만에 전날 **판매량**의 450배가량 **판매량**이 늘어났다고 하...

시간의 한계가 있을 수밖에 없었습니다. 하지만 한강 관련주는 금요
일에 상한가로 마감한 뒤로 주말 내내 뉴스를 통해 한강 작가 얘기
를 볼 수밖에 없었고, 한강 책 판매량이 적게는 400배, 많게는 1천

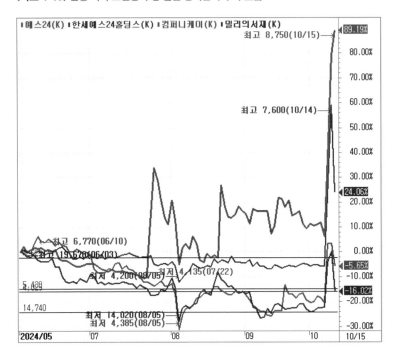

배 이상 증가했다는 기사들이 쏟아져 나오고 있던 상황이었습니다. 처음에 상따 매매를 언급하면서 말했듯이 상한가로 굳은 주식의 '내일에 대한 희망'이 주말 사이에 폭발적으로 호재 뉴스를 양산했기 때문입니다. 상한가 주식뿐 아니라 모든 주식들이 마찬가지겠지만, '뉴스의 연속성'은 크게 상승한 주식의 주가를 떠받치고 더 밀어올릴 수 있는 원동력임을 명심해야 합니다.

물론 YG PLUS 역시 그 다음주 APT가 빌보드 순위 3위에 올라가면서 그 다음주에는 1위를 할 수 있지 않을까 하는 희망으로 높게 상승한 주가를 떠받치고 있었습니다.

이번 한강 관련주에서도 결국 대장이었던 예스24와 사실상 2등주 노릇을 했던 한세예스24홀딩스만이 시세의 연속성을 가져오고 많은 수익을 줄 수 있는 종목이었습니다. 후발주들은 곧 주가 상승이 꺾여서 큰 수익을 기대하기는 어려운 측면이 있었습니다.

다시 한번 되새깁시다. 상따는 대장주에만 집중합시다!

- 찌라시 뉴스를 걸러내고, 공시 내지는 진짜 뉴스로 대응하라
- 사실에 기반하더라도 관련주가 너무 많아지면 주의하라
- 첫 상한가에 집중하고, 두세 번째 상한가는 가급적 피하자
- 점상한가의 수량배분 시대는 사실상 끝났다

CHAPTER 3

반드시 명심해야 할 상한가 따라잡기의 방법론 4~7

찌라시 뉴스를 걸러내고,
공시 내지는 진짜 뉴스로 대응하라

주식시장에는 하루에도 수많은 새로운 뉴스들이 생성됩니다. 그중에는 회사가 공식적으로 주식시장인 거래소를 통해 고지를 하는 '공시'가 있으며, 회사의 보도자료를 근거로 발행해 사실 관계가 어느 정도 확인되거나 기자가 취재를 바탕으로 작성한 신뢰성 있는 '진짜 뉴스'도 있습니다. 더불어 공시와 진짜 뉴스를 근거로 파생하는, 각종 추측을 근거로 재구성된 '찌라시'도 있습니다.

앞서 언급했던 한강 작가의 노벨 문학상 수상 이벤트를 되짚어보면, 한강 작가의 책 판매가 급증하며 인터넷 서점이 수혜를 받는 것은 대부분의 시장 참여자가 인정하는 사실(Fact)이며, 흔히 말하는 시장의 '공감대(consensus)'가 이루어진 내용입니다. 하지만 이런 내용을 가지고 예스24와 같은 종목들이 테마의 대장을 형성하고 상한 가로 직행을 하게 되면, 시장은 이미 상한가로 굳어버려 살 수 없는 종목을 내버려두고 새로운 종목을 찾아 나서며 찌라시가 나오기 시 작합니다. 이 이벤트의 경우 오후가 되면서 '책의 판매량이 늘어나 서 종이 판매량이 증가한다'는 내용의 찌라시가 등장하기 시작합니 다. 이에 따라 상장되어 있는 각종 종이 관련 주식들이 상승하기 시 작했습니다.

상장되어 있는 종이 관련 주식은 심지어 종류도 다양해서 한국제 지, 무림페이퍼, 무림P&P 등 제지주 전반적으로 매수세가 확산되기 시작되었습니다. 매수세가 확산된다는 것은, 반대로 말하면 각각의 개별 종목들의 매수세는 분산된다는 말이기 때문에 각 개별 종목들 의 상승세는 상대적으로 둔화될 수 있고 만약 상한가를 굳힌다 하더 라도 다음 날까지 상승세를 이어가긴 어렵습니다. 실제로 한국제지 는 예스24가 두 번째 점상한가를 기록한 10월 14일에 상한가로 시 장을 마감했지만, 다음 날인 10월 15일에 갭상승은커녕 갭하락 후 종가 −13%를 기록하는 부진한 주가 흐름을 보였습니다.

즉 상따 매매는 최소한 공시나, 어느 정도 검증이 끝난 진짜 뉴스 를 기반으로 대응하는 것이 바람직합니다. 물론 찌라시의 경우도 가 끔은 시세를 줄 순 있으나 시세가 일시적이고 반락할 가능성이 크기 때문에 가급적이면 거르는 능력을 키우는 것이 중요합니다.

〔자료 4-11〕 한강 작가의 노벨상 수상 후 한국제지의 주가 흐름

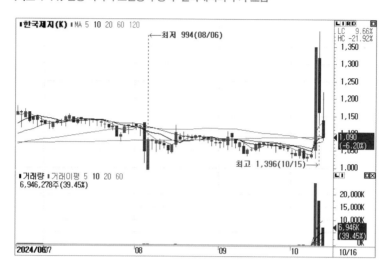

〔자료 4-12〕 한강 작가의 노벨상 수상 후 무림페이퍼의 주가 흐름

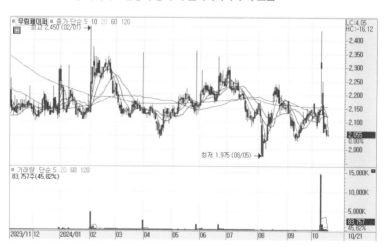

사실에 기반하더라도
관련주가 너무 많아지면 주의하라

한편 사실에 기반을 하고 있더라도 관련 주식의 숫자가 너무 많아지는 경우의 상한가 역시 매매를 피해야 합니다.

과거에 단일 이슈로 하루에 가장 많은 상한가를 기록한 것은 가상화폐였습니다. 2017년 말에서 2018년 초로 넘어오는 시점이었는데, 장중에 무려 총 61개의 상한가가 나왔었습니다.

2017년 9월 우리기술투자가 가상화폐 이슈로 최초로 상한가를 기록한 이후 비트코인의 가격이 2,000만 원을 넘어서면서 아주 강력한 테마를 형성하고, 시장이 과열 형태로 가면서 비트코인과 조금이라도 엮이면 주가가 치솟는 기현상이 발생한 적이 있었습니다. 이 광풍이 정점을 찍으면서 장중에 총 61개 종목이 상한가까지 상승했으나, 이후 대부분의 상한가 종목들이 상한가가 풀리고 대부분 하락 전환하는 현상을 보인 적이 있었습니다.

시장의 매수세는 한정되어 있는데 관련주가 폭발적으로 증가하게 되어 매수세가 분산된다면 전반적으로 시세는 약화될 수밖에 없습니다. 이 경우 이미 터질 대로 터진 거래량하에서 매매 물량을 받아줄 매수세가 약해지면서 시세는 끝나게 되는 것입니다.

첫 상한가에 집중하고, 두세 번째 상한가는 가급적 피하자

대부분의 종목들은 하루 상한가에 그치고, 추가적인 상승을 하더라도 천천히 오르는 경우가 대부분이었습니다. 연속 상한가가 나오는 경우는 매우 드뭅니다. 설령 연속 상한가가 나오더라도 상한가로 종가를 마치지 못하고 풀리는 경우가 허다합니다.

그렇다고 해도 재료가 매우 좋아 보이고 상한가에서 왔다 갔다 하는 것을 보고 있으면 사고 싶은 욕구를 참지 못해서 매수 버튼을 누르는 경우가 있습니다.

두 번째 연속 상한가 또는 세 번째 연속 상한가는 피하는 것이 맞습니다. 단기적으로 급등했기 때문에 차익실현 욕구도 강하게 들고 조금이라도 수급이 꼬이면 급락할 가능성이 크기 때문입니다.

그렇다면 두 번째 상한가나 세 번째 상한가의 경우에는 어떻게 대응해야 할까요? 대부분은 '거래량'에 답이 있습니다.

SBS의 경우를 보겠습니다. '넷플릭스와의 공급계약'이라는 대형 호재가 장중에 터지고 554만 주의 거래량을 기록하며 상한가로 종가를 마감했습니다. 직전일 거래량은 고작 3만 5천 주에 불과했습니다. 이틀째 상한가의 거래량은 140만 주입니다. 평소 거래량에 비하면 많은 편이지만 전일 상한가 거래량과 비교하면 1/3 수준에 불과

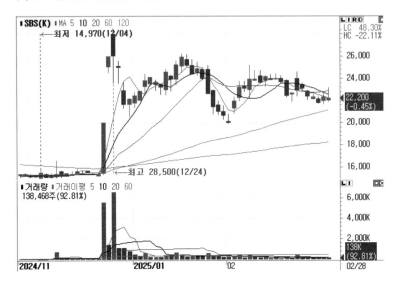

합니다. 전일 신규 상따를 하기 위해 들어온 매수세가 아직 채 팔고 나가지도 않은 모양새입니다. 신규로 들어온 매수세들도 '아직 시세가 끝나지 않았다'고 판단할 가능성이 높습니다. 이처럼 전일 대량 거래 상한가 이후에 적은 거래량으로 연속 상한가를 시도한다면 두 번째 상한가라 할지라도 집중해서 볼 필요가 있습니다.

비슷한 케이스로 한국첨단소재가 있습니다. 양자컴퓨터 관련주로 시장에서 주목받으면서 2024년 12월 18일에 첫 상한가를 기록했습니다. 첫날 상한가의 거래량은 474만 주입니다. 다음 날은 갭상승 13%로 시작해서 또 다시 상한가를 기록했습니다. 둘째 날 상한가의 거래량은 355만 주입니다. SBS처럼 1/3로 급격하게 줄어든 건 아니지만 상한가에서 거래가 치열했기 때문에 상한가까지 올라올 때의 거래량은 전일 대비 50% 수준에 불과했습니다. 마찬가지로 신규로 들어온 매수세력들이 전혀 팔 생각이 없었기 때문에 연속 상한가가 가능했다고 추정됩니다.

연속 상한가는 가급적 피하는 게 상책이라고 생각합니다. 하지만 그럼에도 불구하고 적은 거래량으로 연속 상한가를 도전하는 종목들은 아직 시세가 끝나지 않았을 가능성이 크니 거래량을 잘 살피면서 도전한다면 높은 수익률을 기록하는 데 도움이 될 것입니다.

〔자료 4-14〕 연속 상한가를 기록한 한국첨단소재의 주가차트

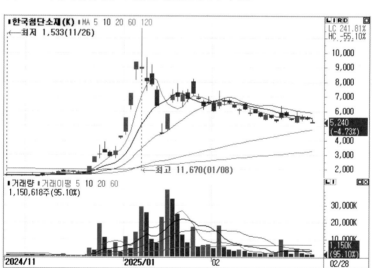

점상한가의 수량배분 시대는 사실상 끝났다

매수잔량이 어마어마하게 쌓인 점상한가를 살 수 있다면 투자자로서 정말 행복한 일입니다. 왜냐하면 내일도 충분히 높게 시가를 갭상승해서 시작할 것이 뻔히 보이기 때문입니다. 하지만 아직도 많은 일반 투자자들이 점상한가는 어떻게 매매가 체결되는지 모르는 경우가 많습니다. 아침 동시호가부터 시가가 상한가로 시작하는 경우에는 '수량배분'이라는 예외적인 조항이 발동됩니다.

거래소가 매도로 나오는 주식을 아침 동시호가에 상한가로 매수주문을 넣은 사람에게 '수량 우선'으로 배분해서 매수 체결을 시켜주는 시스템입니다. 말 그대로 아침 '동시'호가에 주문을 넣는 것이기 때문에 시간 우선의 원칙*은 없고, 가격 우선의 원칙*만 적

> *** 시간 우선의 원칙**: 주식시장에서 '시간 우선의 원칙'은 동일한 가격의 주문이 여러 개 있을 경우에 먼저 접수된 주문이 우선적으로 체결된다는 원칙임. 다만 동시호가에서는 시간 우선의 원칙이 적용되지 않으며, 가격과 수량 우선의 원칙만 적용됨

용됩니다. 상한가 이하로 주문을 넣은 사람은 100억, 1000억 원의 매수 주문을 넣어도 1주도 체결되지 않습니다. 왜냐하면 이미 상한가로 매수 주문을 넣은 매수량만으로도 동시호가에 매도로 나온 매물을 나눠주기도 모자라기 때문입니다.

쉽게 설명하면 아침 동시호가에 매도가 1만 주가 나오고 똑같이 1만 주씩 상한가로 주문을 넣은 사람이 100명이 있다고 가정하면, 이 100명에게 동일하게 100주씩 매수 주문을 체결시켜줍니다.

만약에 100명 중에 한 명이 1만 100주를 상한가에 주문을 넣고 나머지 99명은 1만 주씩 매수 주문을 넣었다고 가정해봅시다. 그런데 아침 동시호가에 1만 주의 매도량이 나오면 앞서 말한 것처럼 100명에게 똑같이 100주씩이 돌아가게 됩니다. 이후 동시호가가 끝나고 정규장이 시작된 이후에 5,000주의 매도량이 나오면 어떻게 될까요? 또 100명에게 50주씩 공평하게 나눠주게 되는 것일까요? 아닙니다. 1만 100주의 매수 주문을 넣은 사람에게 4,950주가 돌아가고, 나머지 50주는 나머지 99명 중 가장 먼저 주문을 넣은 사람에게 돌아갑니다.

2023년까지만 하더라도 상한가 수량배분은 가장 많은 수량을 넣은 사람부터 매도 나오는 수량을 100주씩 나눠줬습니다. 즉 주문을 넣은 모든 사람이 100주씩 받았다면, 그때부턴 가장 주문을 많이 넣은 사람에게 다시 500주를 주었고, 또 다시 주문 넣은 모든 사람이 500주씩 받았다면 가장 주문을 많이 넣은 사람에게 1,000주, 이후엔 2,000주, 이후엔 주문 넣은 수량의 반, 이런 식으로 나누어줬습니다.

> *** 가격 우선의 원칙**: 주식시장에서 '가격 우선의 원칙'은 매수 또는 매도 주문 시 더 유리한 가격을 제시한 주문이 우선적으로 체결된다는 원칙임. 예를 들어 동일한 주식에 대해 매수 주문이 10,000원과 10,100원으로 들어왔다면, 10,100원의 주문이 먼저 체결됨

하지만 2022년 12월에 거래소는 이를 개편해 100주 이후에는 주문 넣은 수량의 반으로 축소화시켰습니다. 그러니 예전 같았으면 1억 원 정도만 주문을 넣어도 100주와 500주를 받아서 600주를 받을 수 있었다면, 이제 100주만 받고 끝날 가능성이 커졌습니다.

왜냐하면 이른바 큰손*들이 서로 자기가 가장 많은 수량의 주문자가 되어서 100주씩 배분이 끝난 후 가장 높은 순번이 되기 위해서 무지막지한 수량의 주문을 상한가에 넣고 있기 때문입니다. 개선된 제도가 시행된 이후에 점 상한가에는 초반에는 몇 천만 주, 몇 억 주씩 매수잔량이 쌓여 있다가 순식간에 매수잔량이 빠져서 상한가가 풀리는 경우가 종종 발생하는 광경이 목격되었습니다.

이제 상한가 따라잡기도 빈익빈 부익부 현상이 심화되고 있으며, 사실상 일반 조막손이나 개미 투자자들은 점상한가를 100주 이상 사는 것은 사실상 불가능해졌으며, 100주 이상 매수 주문이 체결이 되면 상한가가 풀릴 가능성이 커진 것이니 주의를 요하며 봐야 할 필요성이 있는 시점이 되었습니다.

- 개별 종목에 대한 호재 상한가는 집중해야 한다
- 불닭볶음면이 만든 삼양라면의 서프라이즈
- 글로벌 기업 넷플릭스에 콘텐츠 공급계약을 한 SBS
- 같은 공급계약이지만 희비가 엇갈린 탑머티리얼과 계양전기

CHAPTER 4

개별 종목의 호재에 따른 상한가 따라잡기의 방법론 8

개별 종목에 대한 호재 상한가는
집중해야 한다

테마를 형성하며 여러 종목의 주가가
급등하는 호재도 좋지만, 개별주식에
대한 호재 발생에 따른 상한가 종목은
반드시 집중해서 봐야 합니다.

개별주식에 대한 호재는 대략적으
로 실적 호조, 대규모 공급계약, 인수
합병, 자사주* 매입, 정책 수혜, 신사

* **자사주:** 자기 회사의 주식, 즉 기업의 자신이 발행한 주식을 다시 사들인 것을 말함. 이러한 자사주 매입은 주가 상승을 유도하고, 주당순이익이 증가하고, 주주환원 정책으로 평가받는 등 다양한 긍정적 효과를 불러옴

업 진출, 신제품 출시, 세계 최초 개발, 무상증자* 등 다양한 이슈가

있습니다. 이러한 개별 주식의 호재는 단순히 상따 매매뿐만 아니라 장기적인 상승 추세를 이끌기 때문에 중장기적인 투자 관점에서도 긍정적입니다. 즉 단발성으로 끝낼 재료들이 아니기 때문에 호재가 발생하면 반드시 깊게 살펴봐야 합니다.

그중 첫 번째는 주식시장의 영원한 호재인 '실적 호조'입니다. 일반적으로 실적이 급증하게 되면 첫날엔 주식이 적당한 선에서 급등해 추세를 가지고 상승을 하기 마련이고, 그날 당일에 상한가는 보통 많이 깨지며, 다음 날의 갭 상승도 약한 경우가 더러 있습니다.

> * **무상증자:** 유상증자와는 다르게, 말 그대로 무상으로 새롭게 주식을 발행하는 것을 의미함. 기업이 외부로부터 자금을 조달하지 않고, 내부에 축적된 자본잉여금이나 이익잉여금을 활용해 기존 주주들에게 신주를 무료로 배정하는 증자 방식임. 무상증자를 실시할 수 있다는 것은 기업이 충분한 잉여금을 보유하고 있다는 의미로, 재무 구조가 탄탄하다는 긍정적인 신호로 해석하는 것이 일반적임

하지만 실적이 시장 예상치의 2배 이상으로 서프라이즈를 기록한 데다가 실적 서프라이즈의 이유가 명확해 향후에도 실적 성장이 급증할 것이 분명할 경우에는 실적을 발표한 첫날에 강하게 상한가를 기록하고, 그날 이후에도 단기적인 주가 상승에 그치지 않고 장기적인 상승 추세를 그려갑니다.

불닭볶음면이 만든
삼양라면의 서프라이즈

2024년에 실적 호조를 보인 기업들이 많이 있었지만, 단연 최고는 삼양식품이었습니다. 2024년 1분기 실적을 2024년 5월 16일 장 마감 후에 발표했는데, 시간외 단일가부터 상한가를 들어갔습니다.

일단 음식료 기업 중에서 상한가가 나온 경우가 드물었고, 삼양식품의 경우 시가총액도 2조 6천억 원이 넘는 대형주라 상한가를 예상하기 쉽지 않았습니다. 하지만 그날 발표된 삼양식품의 실적을 보면 고개가 절로 끄덕여졌습니다.

〔자료 4-15〕삼양식품의 2024년 1분기 실적 요약 (십억 원, %)

	1Q24	1Q23	YoY(%)	4Q23	QoQ(%)	컨센서스	컨센대비(%)
매출액	385.7	245.6	57.1	326.7	18.1	325.1	18.7
영업이익	80.1	23.9	235.8	36.2	121.5	42.4	89.0
지배주주 순이익	66.5	22.3	197.9	31.3	112.4	36.0	85.0
OPM(%)	20.8	9.7	11.1	11.1	9.7	13.0	7.7

삼양식품의 1분기 실적은 시장의
예상치를 크게 뛰어넘었습니다. 매
출액은 19% 상회했고, 영업이익*은
89% 상회했습니다. 영업이익이 시장
예상치의 거의 2배, 전년 동기 대비는
영업이익이 3배 넘게 증가한 것입니
다. 불닭볶음면이 동양뿐만 아니라 서

> *** 영업이익:** 기업이 제품이나 서비스를 판매해 얻은 매출액에서 해당 제품이나 서비스를 생산하고 판매하는 데 들어간 비용을 제외한 금액. 즉 기업의 주된 영업활동에서 발생한 이익을 나타내며, 금융수익이나 일회성 수익 등 영업외적인 요소는 포함되지 않음.

양에서도 팔리기 시작하면서 서프라이즈를 기록한 것인데, 인스타
그램 등 SNS에서 매운 불닭볶음면 먹기가 일종의 '챌린지' 형태로
자가 발전을 하더니 덜 맵고 서양인들 입맛에 맞춘 까르보 불닭볶음
면 매출이 본격적으로 확대되면서 그야말로 초대박을 치게 된 것입

〔자료 4-16〕 삼양라면의 실적 발표 전후 주가 흐름

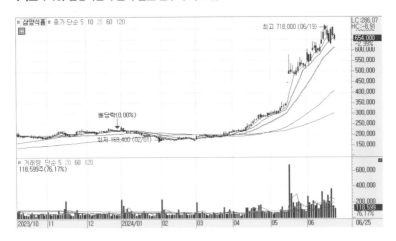

니다. 특히 SNS챌린지 같은 소비자들의 자가 발전식 마케팅에 힘입어 매출액 증가율 대비 수익성이 폭증을 한 셈입니다.

그동안 대한민국에서는 누가 뭐래도 라면은 농심이었습니다. 하지만 이 실적 발표일 이후로 더 이상 아니게 되었습니다.

이로 인해 상따 매매법에는 그다지 환영받지 못했던 실적 주식에다가 시가총액까지 커서 부담스러웠던 삼양식품은 실적발표 다음 날 점상한가 기록하고, 그 다음 날부터 지속적인 상승세를 이어 갔습니다.

글로벌 기업 넷플릭스에 콘텐츠 공급계약을 한 SBS

2024년 12월 20일, SBS는 장중에 콘텐츠 관련 공급계약을 공시했습니다. 단순 보도자료도 아니고 공시를 통해서 밝혔기 때문에 이미 사실관계를 확인할 영역은 지난 셈입니다.

향후 6년간 넷플릭스에게 신작 및 구작의 국내 공급을 계약했습니다. 계약은 했으나 계약 금액은 밝히지 않았습니다. 상대가 글로벌 콘텐츠시장의 공룡 기업인 넷플릭스였기 때문에 계약 금액이 알려지지 않았음에도 불구하고 장중에 강하게 상한가까지 상승하고 상한가를 굳혔습니다.

일반적으로 콘텐츠 제공업체의 콘텐츠 공급계약 공시는 뻔하기 때문에 상한가까지 상승하긴 어렵습니다. 하지만 이 경우 상대방이 워낙 글로벌 공룡 기업이기 때문에 강한 상승이 나올 수 있었던 것으로 판단됩니다.

이처럼 계약 금액이 가려져 있는 경우는 2가지입니다. 상대방 고객이 정말 원하지 않아서 고지하지 않는 경우이거나, 임팩트 있는 공급계약이긴 하나 그 규모가 크지 않을 경우일 것입니다. 이번 공급계약은 공시상에서는 신작, 구작 모두 국내 공급으로 한정되어 있기 때문에 금액이 매우 크진 않을 것으로 추정되나 '인기 콘텐츠의

〔자료 4-17〕 이틀 연속 상한가를 기록한 SBS 주가

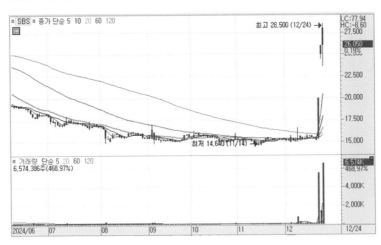

경우 향후 글로벌 공급도 되지 않을까'라는 기대감과 상대방 기업의 임팩트가 합쳐져서 나온 상한가라고 판단됩니다.

이 사례는 공급 규모가 비밀이거나 금액이 적다고 하더라도 상대방 회사가 글로벌하게 영향력 있는 경우엔 강한 상한가가 나올 수 있으며 연속 상한가까지 가능한 경우가 있을 수 있다는 좋은 예시라고 보면 됩니다.

〔자료 4-18〕 SBS의 넷플릭스와의 콘텐츠 공급계약 공시

투자판단 관련 주요경영사항

1. 제목	LICENSE AGREEMENT (전략적 파트너십 체결)
2. 주요내용	당사는 Netflix Worldwide Entertainment, LLC (이하 넷플릭스)와 콘텐츠 공급과 관련한 전략적 파트너십을 체결하였습니다. 동 계약은 넷플릭스에게 SBS 신작드라마, 신작 예능/교양, 구작 라이브러리를 공급하는 파트너십 체결계약입니다. ▶ 전략적 파트너십 세부내용 1. 계약 체결일 : 2024년 12월 20일 2. 계약 주체 : (주)SBS, Netflix Worldwide Entertainment, LLC 3. 계약 기간 : 2025년 1월 1일부터 6년 4. 계약 내용 : 　1) 신작드라마 　　- 계약 시작일부터 신규 방영 콘텐츠 일부 국내 공급 　　- 2025년 하반기 신규 방영 콘텐츠 일부 해외 공급 　2) 신작 예능/교양 　　- 계약 시작일부터 신규 방영 콘텐츠 국내 공급 　3) 구작 라이브러리 　　- 계약 시작일부터 계약 이전 방영 콘텐츠 국내 공급

같은 공급계약이지만 희비가 엇갈린 탑머티리얼과 계양전기

이번엔 비슷한 금액대의 공급계약 발표를 했지만 상한가를 강하게 굳힌 종목과 그렇지 못한 기업 간의 비교를 해보겠습니다.

탑머티리얼은 2025년 2월 10일, 뉴스를 통해 향후 10년간 1조 2천억 원의 양극재 소재를 공급하기로 했다고 밝혔습니다. 공시는 아니고 기업이 보도자료를 통해 언론사들에게 배포한 것으로 추정됩니다. 이 정도 금액이면 공시사항이 아닌가 하는 의문도 들기는 하는데 자동차 업체들에게 장기적으로 공급계약하는 경우엔, 더군다나 해외 업체의 경우엔 종종 이런 식으로 공시를 하지 않고 보도자료를 통해서 나오는 경우도 더러 있긴 합니다. 다만 필자는 이런 식의 뉴스는 좋아하지는 않습니다.

어쨌거나 향후 10년간 적게는 6천억 원, 많게는 1조 2천억 원의 공급계약이라고 밝혔으니 매년 600억 원에서 1,200억 원의 매출 증대분을 기대할 수 있는 매우 긍정적인 뉴스입니다.

탑머티리얼의 연간 매출액이 대략

> * **PSR:** 주가매출비율(Price to Sales Ratio). 기업의 시가총액을 연간 매출액으로 나눈 지표로, 주가가 매출에 비해 얼마나 평가되고 있는지를 나타냄. 예를 들어 시가총액이 1조 원이고 연간 매출액이 5천억 원인 기업의 PSR은 2.0이고, 이는 해당 기업의 주가가 매출의 2배로 평가되고 있음을 의미함. PSR은 적자기업이나, 매출이 빠르게 증가하는 성장기업의 가치평가에 많이 적용되고 있음

1천억 원을 넘는 수준이고, 현재 시총이 대략 2천억 원을 약간 넘고 있으니 대략 PSR*로는 2배 수준에서 거래되고 있다고 추정할 수 있습니다. 이번 계약으로 시장은 대략 적게는 50~60%, 많게는 100% 이상의 매출 증대를 기대할 수 있을 것으로 추정합니다. 특히나 전기차의 경우 아직 수익성이 낮기 때문에 이익 기준의 밸류에이션*보다는 매출 기준의 밸류에이

* **이익 기준의 밸류에이션:** 기업의 수익성을 바탕으로 주식의 가치를 평가하는 방법으로, 투자자들이 기업의 이익 대비 주가 수준을 판단해 투자 결정을 내리는 데 활용함. 기업의 실제 수익을 기반으로 하기에 수익성이 높은 기업을 선별하는데 유리하고, 동일 산업 내 여러 기업의 이익 지표를 비교해 상대적인 가치를 판단할 수 있음. PER, EV/EBITDA 등이 이익 기준의 밸류에이션 방법임

션*을 사용해서 시장 평균보다 높은 밸류에이션 지표들을 적용받다

〔자료 4-19〕 탑머티리얼의 공급계약 이후 주가 흐름

보니 매출액 증가분을 기업가치 증가에 높게 반영한 것으로 보입니다. 이로 인해 탑머티리얼은 강하게 상한가를 굳혔고, 향후 2~3일 더 추가적인 상승 추세를 보였습니다.

* **매출 기준의 밸류에이션:** 기업의 매출액을 바탕으로 주식의 가치를 평가하는 방법으로, 특히 이익이 불안정하거나 적자인 기업을 분석할 때 유용함. 이러한 평가 방법의 대표적인 지표로는 PSR(Price to Sales Ratio, 주가매출비율)이 있음. 적자기업이나 이제 막 본격적인 성장을 보이고 있는 기업에 유용하게 사용됨

반면에 계양전기는 10월 21일 장마감 후 현대차와 5년간 2,884억 원의 공급계약을 공시했습니다. 일반 뉴스도 아니고, 정식 공시를 통해 밝혔습니다. 하지만 다음 날 주가는 장대음봉을 기록했습니다. 물론 시가는 21% 급상승해서 바로 상한가까지 직행했으나, 상한가를 지키지 못하고 하루 종일 고점에서 횡보하다가 종가에는 4% 상승에 그치고 장을 마감했습니다. 왜 이런 현상이 발생했을까요?

일단 계양전기는 연간 3천억~4천억 원 매출을 꾸준히 기록하고 있습니다. 다만 최근 4개년 이상 연속 순손실을 기록하고 있습니다. 더불어 이번에 공급하기로 한 품목은 시트모터였습니다. 자동차 의자에 들어가는 모터로 추정됩니다. 쉽게 말하면 부가가치가 상대적으로 낮은 품목이라고 볼 수 있습니다.

5년간 3천억 원이 조금 안 되는 계약이기 때문에 연간으로 약 600억 원의 추가 매출을 기대할 수 있습니다. 하지만 공급 품목이 부가가치가 상대적으로 낮은 시트용 모터였기 때문에 시장에선 높은 밸

류에이션을 쳐주지 않은 것으로 보입니다. 단순히 '전년도 매출액 대비 75%에 달하는 계약'이라는 공시 내용 때문에 시가는 높게 형성할 수 있었으나 이를 유지하지 못한 것입니다.

이처럼 공급계약에 따른 상따 매매는 공급 품목과 계약 상대방, 그리고 매출 규모가 구체적으로 어떻게 반영되는지에 따라 시장에서 반응하는 수준이 다르므로 이를 잘 살피는 습관을 들일 필요성이 있습니다.

MOMENTUM
INVESTMENT

PART 5

기업과 친해져라!
애널리스트처럼
접근하는 법

MOMENTUM

10여 년 전만 하더라도 기관투자자와 개인투자자 간 정보의 갭은 무척 컸었습니다. 지금도 어느 정도의 간극은 있으나, 그 갭은 현저하게 많이 줄어들었다고 판단됩니다.

다만 개인들이 적극적인 기업분석 내지는 리서치 활동을 하지 않는 데서 오는 차이는 명확합니다. 반대로 말하자면, 개인들도 마음만 먹으면 얼마든지 애널리스트들의 분석 못지않은 기업분석을 할 수 있을 정도의 환경이 갖추어져 있다는 것입니다.

많은 국내 투자자들이 미국 시장을 동경합니다. 하지만 미국 같은 선진시장에 비하면 국내 투자자들은 기업과의 접촉 수단이 매우 많은 편입니다. 각 기업들의 IR컨택 포인트가 HTS와 MTS에 공개되어 있으며, IR과 거래소에서 유튜브를 통해 시행하는 기업 설명회 행사 또한 많은 편입니다.

더불어 국내 주식시장처럼 증권사의 애널리스트들의 리포트를 공짜로 볼 수 있는 시장 또한 없을 것입니다. 이처럼 우리 주식시장에도 충분히 많은 정보들이 넘쳐나지만, 일반 투자자들이 그것을 활용을 못하거나 안하고 있는 것이 현재 주식시장의 현실입니다.

깊은 분석까지는 아니더라도 적어도 투자 대상 기업의 Swing factor(기업의 실적을 가르는 결정 변수)가 무엇인지에 대해 파악하고 이를 얻을 수 있는 웹사이트 등을 파악하는 정도의 투자 활동을 하는 시간이 쌓이게 되면, 일반 투자자들도 기관투자 못지않은 투자 인사이트를 확보할 수 있을 것이라 생각합니다. 실제로 본부장급을 제외한 일반 펀드매니저의 경우 5~6년 차의 업력을 가지고 있는 것을 감안한다면, 위와 같은 투자분석 활동을 10년 이상한 투자자 역시 펀드매니저나 애널리스트 못지않은 투자 인사이트를 가질 수 있다고 믿어 의심치 않습니다.

- 기업과의 접촉에 익숙해져라. 어려운 일은 아니다
- 개인도 기관투자자 못지않은 정보 접근력을 가질 수 있다

CHAPTER 1

접촉을 두려워하지 말고
기업의 IR담당자에게
전화하라

기업과의 접촉에 익숙해져라.
어려운 일은 아니다

기업과의 접촉 또는 기업탐방은 애널
리스트나 펀드매니저*의 전유물이 아
닙니다. 개인투자자들도 권리가 있으
며, 다양한 방법으로 투자 기업과의
접촉이 가능합니다.

　다만 개인투자자가 기업에게 직접
적인 접촉을 하긴 상당히 어려운 것이
사실입니다. 또한 개별적인 접촉이 된

* 펀드매니저: 투자자들로부터 모
은 자금을 운용하는 전문 투자 관
리자. 쉽게 말해, 남의 돈을 대신
굴려주는 사람을 의미함. 일반적
으로 국내 주식시장에서 말하는
펀드매니저는 정확히 나누자면
'포트폴리오 매니저'라고 볼 수 있
으며, 광의적 의미의 펀드매니저
는 주식, 채권, 부동산, 현금 등의
자산 배분 업무를 주로 함

다 하더라도 컴플라이언스* 등의 이슈로 인해 단기적인 실적 문제나 신제품 발표 일정 등의 내용은 기업 측에서 대답을 해줄 가능성이 거의 없습니다.

하지만 기업의 전반적인 상황이나 장기적 비전, 그리고 사업보고서상에서 나온 내용들 또는 새롭게 나온 뉴스들에 대한 회사 측의 입장 등은 충분히 개별적인 접촉을 통해서 들을 수 있습니다. 투자자의 궁금증에 대해 대답해주는 것이 상장 기업의 의무이기도 하기 때문입니다.

통상적으로 대기업 같은 경우에는 IR담당자*에게까지 연락이 닿는 것조차 아주 어려울 수 있습니다. 하지만 중견기업 정도만 되어도 HTS나 MTS에서 제공하는 기업 개요에 나와 있는 IR담당자의 연락처를 참조해 기업에 전화를 걸어 접촉하는 것이 어려운 일은 아닙니다.

다만 이 과정에서 서로 간의 예의와 존중은 반드시 필요합니다.

> * **컴플라이언스:** Compliance. 금융회사나 투자자들이 관련 법률, 금융규제, 내부규정 등을 철저히 준수하도록 관리하고 감독하는 시스템 또는 그 활동을 통틀어 말함. 주식시장에서는 내부자거래, 시장조작 같은 법 위반이 쉽게 일어날 수 있어서 투명성·공정성을 유지하는 게 중요함. 금감원이나 거래소 같은 대외적인 기관도 이러한 업무를 관리·감독하지만, 각 증권회사나 운용사 내부적으로도 컴플라이언스 관련 팀과 규정을 만들어 준수하고 있음

> * **IR담당자:** Investor Relations 담당자. 기업과 투자자 간의 원활한 소통을 담당하는 전문가로, 기업의 경영 정보와 전략을 투자자들에게 정확하고 투명하게 전달해 기업 가치를 적절히 평가받을 수 있도록 지원하는 직업임. 투자자 소통 및 관리, 기업설명회 기획 및 운영, 공시 및 정보제공 등이 주요 업무임

삼성전자 005930 12월 결산 🏠🖼📍		PER	12M PER	업종 PER	PBR	배당수익률
KSE 코스피 전기·전자 FICS 반도체 및 관련장비 K200 NXT		11.17	10.74	11.95	0.95	2.61%

General Information

주소	경기도 수원시 영통구 삼성로 129 (매탄동)		
홈페이지	http://www.samsung.com	회사영문명	SamsungElec
대표번호	031-200-1114	IR 담당자	02-2255-9000
대표자	전영현	계열명	삼성
설립일	1969/01/13	상장일	1975/06/11
벤처기업지정일	-	벤처기업해제(예정)일	-
명의개서	한국예탁결제원	공고신문	중앙일보
주거래은행	우리은행	감사인	삼정회계법인
종업원수	128,169	감사의견	적정의견
배당락일	2024/12/27	구기업명	-

기업 IR담당자가 애널리스트나 펀드 매니저들을 상대해주는 것은 각자 제도권*이라는 장치에서 검증된 전문가들이 서로 간의 존중을 바탕으로 이루어지는 것입니다. 주주와 기업의 담당자는 갑과 을의 관계가 아닙니다. 상장 기업이라는 공통분모로 서로를 만

> * **제도권:** 정부의 감독과 법적 규제를 받는 공식적인 금융 시스템을 의미함. 이는 투자자 보호, 거래의 투명성, 시장의 안정성을 확보하기 위해 마련된 제도적 틀 안에서 운영되는 시장과 기관들을 포함함

날 수 있는 것이지, 주주라고 해서 갑이 아니며 IR담당자 역시 갑도 을도 아닙니다.

누군지도 모르는 사람이 다짜고짜 바쁜 업무 활동중에 전화를 해온 것도 모자라 뜬금없이 회사의 민감한 사항들을 물어보는데 친절

하게 답해줄 직원은 없을 것입니다. 주주라면 언제부터 주주였는지, 아니면 어떤 관점으로 이 회사를 바라보고 있고 충분한 검토 후 주주가 되고 싶다는 의향과 어디에 사는 누구라는 최소한의 자기소개 정도를 하고 시작한다면 전화를 받는 입장에서 무턱대고 무시하거나 끊어버릴 수는 없습니다.

필자는 기업의 애널리스트로서 많은 기업들을 접촉했었으나, 더이상 현직에 있지 않을 때도 관심 있는 기업들과 상당히 직접적인 접촉을 하기도 했었습니다. 간혹 정말 연락이 안 되거나 충분히 예의를 차렸음에도 불구하고 막무가내로 전화를 피하는 기업들도 있었으나, 그렇지 않은 기업들이 훨씬 많았습니다.

여기서 팁을 하나 소개하자면, 전화를 하기 전에 질문 리스트를 핵심적이고 간략하게 뽑아놔야 합니다. IR담당자들은 주주 응대 말고도 다른 업무들이 많습니다. 투자자들의 전화만 받아줄 시간이 없으니, 간략할수록 좋습니다. 이에 더해 아무것도 모르는 사람의 질문과 우리 기업에 대해 상당한 내용을 아는 사람의 질문 중 누구 질문에 더 귀 기울일까요? 당연히 후자입니다. 뭐하는 기업인지도 모르고 "IR담당자인 당신이 설명해줘"라는 식의 전화 태도는 그 누구에도 환영받지 못할 것입니다.

이런 식의 통화들이 몇 번 이루어지게 되면 얼굴도 모르지만 친분이 쌓이게 되고, 관계가 지속적으로 이어질 가능성이 큽니다. 실제로 지인 중에는 얼굴도 한번 본 적 없는 구미에 있는 반도체 소재업체의 IR담당 임원과 친해져서 서로 안부를 묻는 사이까지 발전했었습니다. 물론 그 지인은 그 기업에 투자해 장기투자자가 되었고, 주주명부까지 확인한 임원은 더욱 관심 있게 그를 케어해줬습니다.

개인도 기관투자자 못지않은 정보 접근력을 가질 수 있다

많은 자금을 장기적으로 투자할 때는 기업탐방도 추천하고 싶습니다. 직접적으로 회사를 방문해 눈으로 살피면 그만큼 더 많은 것들을 인지할 수 있습니다. 특히 대기업이 아닌 중견기업들은 실제로 회사를 방문해서 살펴본다면 HTS나 뉴스에서 나오는 것 이상의 정보를 접할 수 있어 좋은 기회라 생각됩니다.

오피스텔 월세를 구할 때만 해도 직접 방문하고 입지가 어떤지 주위도 살펴보고 편의시설은 어떤 것들이 있는지 확인하는 것을 당연시하는 우리들이지만, 우리의 소중한 돈을 투자하는 기업에는 HTS에 나와 있는 주가 또는 누군가 귀뜸해주는 속삭임이 진실인지 거짓인지도 모르는 채 과감하게 매수버튼을 누르는 것이 현실입니다.

단순히 개별적인 접촉뿐만 아니라 공식적인 채널로도 과거에 비

해서 기업들이 개인투자자들과 접촉할 수 있는 방법들이 많이 늘었습니다. 많은 기업들이 분기 실적 발표를 온라인을 통해 중계해주고 있습니다. 여의도에서 하는 실적 발표 IR을 유튜브를 통해 온라인 중계해주는 기업들도 꽤 많이 생기고 있습니다.

해당 기업의 공시를 살펴보면 언제 어디서 어떤 방식으로 IR을 하는지 자세히 나와 있습니다. 그러니 이를 잘 참조하면 기관투자자 못지않은 정보 접근력을 가질 수 있을 것입니다.

더불어 실적 발표와 같은 공시를 자세히 살펴야 합니다. 많은 대기업들은 분기 실적 발표 공시를 하면서 기타공시첨부서류*를 통해 기관투자자가 받는 것과 똑같은 내용의 IR자료를 배포합니다. 단순히 매출액과 영업이익이 얼마 나왔는지가 아니라, 어떤 과정을 통해

[자료 5-3] SK하이닉스의 분기실적 발표 공시에 포함된 기타공시첨부서류

매출액이 증가 또는 감소했는지, 수익성이 어떻게 변했는지를 자세히 설명해주는 자료들을 포함합니다. 정부와 거래소, 금감원 등에서 일반 투자자들이 소외되지 않도록 많은 제도적 장치를 마련하고 있는 상황이니 최대한 잘 이용해서 투자에 참고해야 합니다.

* **기타공시첨부서류:** 기업이 공시를 할 때 본문만으로는 부족하거나, 추가적인 근거·자료·계약서·도표·설명서 등이 필요한 경우에 첨부되는 서류들임. 첨부서류를 통해 공시 내용의 진위, 구체적인 계약 조건, 세부 상황을 더 정확히 파악할 수 있음

- 애널리스트의 보고서를 잘 살피면 반드시 도움이 된다
- 목표주가가 투자의견인 국내 증시 리포트 독법
- 산업리포트는 최대한 자세히 들여다보자
- 큰 하우스의 외국계 보고서는 일단 주목해야 한다

CHAPTER 2

애널리스트 보고서를 최대한 제대로 활용하자

애널리스트의 보고서를 잘 살피면
반드시 도움이 된다

개인투자자들 중에선 "애널리스트 보고서*를 믿지 마라" 같은 일종의 잘못된 주식 격언을 신봉하는 사람들이 많습니다. 어느 업종이든 미꾸라지 같은 극히 일부의 잘못으로 집단 전체가 매도되기 일쑤이지만, 현재의 시장은 과거에 비해 매우 투명해졌다고 볼 수 있습니다. 더불어 대부분의 애널리스

* **애널리스트 보고서:** 증권사 리서치센터의 애널리스트들이 특정 기업, 산업, 시장 동향 등을 분석해 투자자들에게 제공하는 전문 보고서. 이러한 보고서는 투자 판단에 중요한 참고 자료로 활용됨. 기업이나 산업에 대한 투자의견과 목표주가를 포함하고 있으며, 투자 포인트 및 리스크 요인 등이 리포트의 주요 내용임

트들은 '신의' '성실'한 자세로 보고서를 작성하니 적어도 대충 감만 가지고 투자하는 주먹구구 방식의 투자보다는 훨씬 더 합리적이라고 할 수 있습니다. 그러므로 애널리스트의 보고서를 꼼꼼히 살피면 반드시 도움이 되리라 믿어 의심치 않습니다.

애널리스트들의 보고서는 해당 증권회사의 홈페이지에 가면 볼 수 있습니다. 물론 고객일 경우에 가능합니다. 계좌가 없어도 온라인회원 가입만으로도 애널리스트의 리포트를 볼 수 있게 해둔 증권회사가 대부분입니다. HTS에서 어떤 기업의 목표주가*를 상향한 리포트에 대한 기사를 봤다면 해당 증권회사의 홈페이지를 찾거나, 네이버에서 제공하는 애널리스트들의 리포트를 찾아서 보면 됩니다.

좀 더 전문적인 투자자를 지향한다면, 에프앤가이드(FnGuide) 사이트를 추천합니다. 국내 증권회사에서 발간하는 모든 리포트들이 한곳에 집대성

> * **목표주가**: 증권사 애널리스트가 리포트에서 제시하는 목표주가는 일반적으로 향후 12개월 내에 기업이 달성할 것으로 예상되는 주가를 의미함. 이는 기업의 실적 전망, 산업 동향, 시장 상황 등을 종합적으로 분석해 산정됨. 목표주가는 주당 지표와 목표 배수(Multiple)를 곱해서 산출하는 것이 일반적임

> * **퀀트**: 'Quantitative(정량적인)＋Analyst(분석가)'의 줄임말로, 수학이나 통계학을 활용해 계량적인 과거 데이터를 분석하고 투자전략을 찾아내고 알고리즘을 개발하는 등 정확한 수치에 따른 객관적인 정보에 의존해 투자하는 사람을 말함

되어 있는 사이트입니다. 단순 리포트뿐만 아니라 약간의 퀀트* 기능들과 리포트들의 숫자를 모아 기업 실적 전망치에 대한 '컨센서스

(추정치)'를 자세히 볼 수 있는 장점도 있습니다. 다만 적지 않은 월간 이용료가 있어 혼자서 비용을 감당하기엔 쉽지 않다는 단점이 있습니다.

[자료 5-4] 네이버의 증권회사 리포트 서비스

증권 홈   국내증시   해외증시   시장지표   **리서치**   뉴스   MY

FWC 2025 지금 사전예약하세요
FWC 2025에서 명예와 보상을 모두 잡아라!   **더 알아보기 ›**

리서치

ㅣ시황정보 리포트

ㅣ투자정보 리포트

ㅣ**종목분석 리포트**

ㅣ산업분석 리포트

ㅣ경제분석 리포트

ㅣ채권분석 리포트

KRX 전자공시

상장법인 지분정보

아크로뱃 다운로드

종목분석 리포트   ·더보기

기업	제목	증권사	첨부	작성일
더존비즈온	제주은행 지분 인수, 인터넷 뱅킹 계속된다	미래에셋증권	📄	25.04.21
NAVER	컬리 제휴 시나리오 및 영향 점검	하나증권	📄	25.04.21
더존비즈온	불확실성과 변동성을 줄이는 최선의 지름길	한화투자증권	📄	25.04.21
NAVER	컬리 제휴 발표, 커머스의 빈 퍼즐 매우는 결..	한화투자증권	📄	25.04.21
NAVER	네이버가 찾은 신선식품 퍼즐 조각 '컬리'	대신증권	📄	25.04.21
HMM	USTR, 중국 해운 조선 규제 발표 - 원안 대비 규제 완..	대신증권	📄	25.04.21

산업분석 리포트   ·더보기

산업	제목	증권사	첨부	작성일
기타	그 다음.은.은.은.	한화투자증권	📄	25.04.21
기타	[2차전지 weekly] 투자전략서 - 2025/04/21	유안타증권	📄	25.04.21
음식료	음식료/화장품 1Q25 Preview	한화투자증권	📄	25.04.21
기타	어차피 언젠가는 상법으로 도입해야 한다 주주에 대한..	한화투자증권	📄	25.04.21
음식료	1Q25 Pre; 관세 영향 적고, 중국 턴어라운드 기대 종..	교보증권	📄	25.04.21
전기전자	실적 시즌 진입. 관세 관련 차별화 가능한 업체 있을..	하나증권	📄	25.04.21

시황정보 리포트   ·더보기

제목	증권사	첨부	작성일
마켓 레이더 (4월 21일, 오전)	신한투자증권		25.04.21
SK증권 Global Carbon Market Daily_250421	SK증권	📄	25.04.21
Yuanta Morning Snapshot (2025.04.21)	유안타증권	📄	25.04.21
운송업 Weekly	대신증권	📄	25.04.21
엔터테인먼트 Weekly Points	대신증권	📄	25.04.21
Global Daily (4월 21일)	신한투자증권		25.04.21

| FnGuide.com | FnResearch | FnConsensus | FnOwnership | FnDB Navigator | FnScreener | FnMezzanine |

FnResearch	**FnConsensus**	**FnOwnership**	**FnDB Navigator**	**FnScreener**
통합검색	종목별 Consensus	종목별 주주현황	통합검색	Screener
Top 30	종목별 Report	주주별 보유현황	주식	
Top in Sectors	섹터별 Consensus	기관별 5%지분	채권	
Mid-Small Cap	매크로 Consensus	일별 지분공시	파생	
52Week New	Top 30	개인주주랭킹	재무	
10 Minute Scan	Estimate Change	최대주주변경	경제	
Up & Down		지분구조도	캘린더	
MP				
추천종목				
실적속보				
밸류업 프로그램				

목표주가가 투자의견인
국내 증시 리포트 독법

외국계 증권회사들은 '매도' 투자의견 리포트를 종종 발간합니다. 하지만 국내 증권사들에서 매도 리포트를 찾아보긴 쉽지 않습니다. 여러 제도적 장치를 마련해나가고 있으나 2차전지 관련주 기업에 대한 매도의견 리포트를 발간한 국내의 한 증권회사 애널리스트가 길에서 봉변당했던 영상들이 SNS를 통해 유통된 것들을 감안하면,

앞으로도 국내 주식시장에서 매도 리포트를 보는 것은 쉽지 않은 일일 것입니다.

이 같은 해프닝들로 인해 사실상 '중립' 투자의견이 매도 리포트에 가까우며, 대부분의 애널리스트들은 목표주가의 상향 또는 하향을 통해 기업에 대한 투자 센티멘트*를 투자자에게 전하는 것이 일반적입니다. 하지만 목표주가 상향 리포트도 유심히 살펴봐야 합니다.

애널리스트들이 목표주가를 상향하는 방식은 총 3가지입니다. 첫째는 실적 상향, 둘째는 목표주가 산출에 따른 밸류에이션 멀티플* 상향, 셋째는 실적과 멀티플 동시 상향 적용입니다.

이 중 '멀티플 상향에 따른 목표주가 상향'은 사실상 주가 상승에 따른 어쩔 수 없는 목표주가 상향에 기인한 경우가 대부분이라고 볼 수 있습니다. '매수' 투자의견을 달고 리포트를 발간하기 위해선 증권회사마다 다르지만, 현재 주가 대비 최소 15~20% 이상의 상승 여력이 있

* **투자 센티멘트**: Investor Sentiment. 주식시장 참여자들의 감정, 기대, 심리 상태를 나타내는 개념으로, 시장의 전반적인 분위기와 투자자들의 태도를 반영함. 이는 시장의 과열 또는 침체 여부를 판단하는 데 중요한 역할을 하며, 투자 결정에 영향을 미침. 공포와 탐욕지수, VIX지수 등이 이런 투자센티멘트를 계량화한 지수들 중 하나임

* **멀티플**: 기업의 가치를 평가할 때 사용하는 배수 지표로, 특정 재무 지표(예: 순이익, 매출 등)에 몇 배의 가치를 부여하는지를 나타냄. 이는 기업의 현재 또는 미래 수익성에 대한 시장의 기대를 반영하며, 투자자들이 기업의 주가가 적정한지를 판단하는 데 활용됨. 주요 멀티플 지표에는 PER, PBR, EV/EVITDA, PSR 등이 있음

어야 하는데 목표주가를 유지하면서 리포트를 발간하려면 투자의견을 '중립'이나 '매도'로 하향해야 합니다. 이는 애널리스트에게는 상당한 부담이 아닐 수 없습니다.

이 경우에 울며 겨자 먹기 식으로 목표주가 산출에 적용된 밸류에이션, 즉 적정 PER 또는 PBR을 상향해서 목표주가를 상향시킵니다. 상승한 주가를 좇아가는 식의 목표주가 상향이기 때문에 시장에서 당장 하루 이틀은 주가가 반응할지 모르나 중장기적으로 추세가 유지되긴 어려운 게 일반적입니다.

다만 해당 기업이 속해 있는 경쟁업체가 파산하거나, 어떤 대외적인 이벤트가 있다면 지금 당장 기업의 이익 추정치 상향을 예측하기 어렵겠지만, 산업 전반적인 호재가 발생했을 경우엔 멀티플 상향에 따른 목표주가 상향은 충분히 합리적이기 때문에 리포트의 내용을 잘 살펴야 합니다.

다음으로 '실적 상향에 따른 목표주가 상향'은 향후 해당 기업의 실적이 예상치를 상회하는 결과를 가져올 것이기 때문에 장기적인 추세로 긍정적인 결과를 가져올 가능성이 큽니다. 특히 실적 발표 한 달 전부터 애널리스트들은 본격적인 실적 추정치 변경을 해서 리포트를 발간하는데, 이 기간 중에 가장 먼저 발간되는 실적 상향 리포트라면 해당 기업을 반드시 집중해서 볼 필요성이 있습니다. 다른 애널리스트들 역시 머지않은 시점에 실적 추정치 상향 리포트를 봇물 터지듯이 발간할 가능성이 크기 때문입니다.

산업리포트는
최대한 자세히 들여다보자

지난 2025년 3월 13일에 시장을 뜨겁
게 만든 인뎁스 리포트*가 발간되었
습니다. 이 산업리포트의 주제는 바로
'유리기판'이었습니다.

2024년 초에 유리기판 테마주들이
테마성으로 잠깐 상승하고 주저앉았
다가, 다시 테마를 형성하기 시작한

> * **인뎁스 리포트:** In-Depth Report. 특정 산업, 기업, 경제 이슈 등을 심층적으로 분석한 보고서로, 일반적인 리포트보다 훨씬 더 자세하고 방대한 정보를 제공함. 이러한 리포트는 투자자, 연구자, 업계 전문가들이 특정 주제에 대한 깊은 이해를 얻기 위해 활용함

게 2024년 말쯤이었는데 그 이후 처음으로 나온 유리기판 인뎁스
리포트였습니다. 다만 인뎁스 리포트이기 때문에 통상적으로 개별
기업에 대한 투자의견 제시 리포트에 비해 HTS나 언론에 대한 노출
은 극도로 적었습니다. 하지만 삼성전자가 유리기판 양산을 고려하
고 있다고 언급된 이후에 처음 나온 인뎁스 리포트였습니다.

일반적으로 리포트가 발간되면 목표주가나 투자의견이 상향 또는
하향되었을 때 언론에서 이를 재생산하고, 이런 재생산된 뉴스들이
HTS를 통해 투자자들에게 전해지면서 주가가 오르거나 또는 빠지
는 게 일반적입니다. 하지만 이런 산업 리포트들의 경우 일반적으로
는 [자료 5-6]의 리포트의 제목처럼 '유리기판, 다가올 미래에 준비

하자'는 식으로만 보도되기 때문에 관련 기업들의 주가가 개별 기업 리포트가 발간되었을 때처럼 역동적으로 움직이지는 않습니다.

국내에 상장되어 있는 유리기판 관련주는 대략 10여 개인데, 장 초반만 해도 특별한 움직임은 없었으나 시간이 지날수록 '켐트로닉스' 주가가 우상향하기 시작했습니다. 장이 시작할 때만 하더라도 보합수준이던 켐트로닉스 주가는 장중 17%까지 급등했습니다. 해당 산업 리포트에서 중소형 유리기판 관련주로 유일하게 담당 애널리스트가 커버리지*를 개시하며, 투자의견 '매수'와 목표주가 '4만

(자료 5-6) 2025년 3월 13일 시장을 뜨겁게 만든 유리기판 산업리포트

검색 결과 [유리기판]

전체	기업	산업	경제	주식	채권	파생	외환	중국

작성일	제목	분량
2025.03.13	디스플레이 및 관련부품-유리기판, 유리기판, 다가올 미래에 준비하자(요약)	3
2025.03.13	디스플레이 및 관련부품-유리기판, 유리기판, 다가올 미래에 준비하자	56
2025.03.12	반도체 및 관련장비-MWC 2025 Converge, Connect, Create	63
2025.03.11	반도체 및 관련장비-[Feb. 25] 대만 Tech 업종 동향	11
2025.03.11	반도체 및 관련장비-MWC 2025 방문 후기 및 투자 활용법	92
2025.03.10	반도체 및 관련장비-IT소부장, AI-Driven	16
2025.03.10	반도체 및 관련장비-반도체 소부장 위클리; 커지는 변동성	9
2025.03.10	IT 서비스-브로드컴의 수혜를 예상!	19
2025.03.07	반도체 및 관련장비-유리클래터 기반 HDD, AI 서버 증가에 수혜 전망	2
2025.02.26	IT 서비스-Meritz Overnight Tech	2
2025.02.26	전자 장비 및 기기-개와 늑대의 시간(Market Sensing)	39
2025.02.21	전자 장비 및 기기-변곡점	53
2025.02.18	에너지 시설 및 서비스-긴 어둠 끝, 태양광 업황 개선 신호	52
2025.02.18	디스플레이 및 관련부품-월간 디스플레이 패널 동향	11
2025.02.14	반도체 및 관련장비-[Jan. 25] 대만 Tech 업종 동향	11

원(켐트로닉스의 전일 종가는 26,950원)'을
제시했기 때문입니다.

　유리기판을 단순히 테마성으로 치
부하던 시장에서 유리기판 중소형주
에 애널리스트가 처음으로 목표주가
를 달아준 셈입니다. 이는 충분히 의
미가 있는 현상이었습니다. 유리기판
이 언제 상용화될지도 모르고 대기업
을 제외한 중소기업 중에는 어떤 기업

* **커버리지:** Coverage. 증권사
리서치센터의 애널리스트가 특정
기업이나 산업에 대해 정기적으로
분석하고 보고서를 발행하는 활
동을 의미함. 커버리지는 투자자
들에게 기업의 재무 상태, 산업 동
향, 시장 전망 등에 대한 정보를
제공해 투자 판단을 돕는 중요한
역할을 함. 커버리지 개시, 재개,
중단 등의 표식을 리포트의 발간
시에 반드시 표기하게 되어 있음

이 수혜를 입을지 모르는 상황에서 막연하게 테마로 오르던 중이었
는데, 애널리스트가 투자의견을 내고 목표주가를 달아준다는 것은

〔자료 5-7〕유리기판 산업리포트가 발간된 날의 켐트로닉스 분봉차트

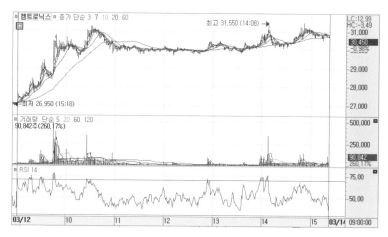

일종의 표창장처럼 작용하기 때문에 시장에서는 그 기업을 검증된 신뢰의 기업으로 받아들이기 때문입니다.

이날 아래의 산업보고서를 끝까지 읽어본 투자자라면 유리기판 중소형 대장주인 켐트로닉스를 싸게 매수할 수 있었을 것입니다.

[자료 5-8] 켐트로닉스 Initation 리포트

| Company Report | | 2025. 03. 13 |

COVERAGE INITIATION

켐트로닉스 (089010)

Analyst 김종배 kjb6551@hmsec.com

유리 기판 핵심 Supplier임에도 Valuation 매력적

BUY	TP 40,000원
현재주가 (3/12)	26,950원
상승여력	48.4%
시가총액	413십억원
발행주식수	15,334천주
자본금/액면가	8십억원/500원
52주 최고가/최저가	34,800원/13,260원
일평균 거래대금 (60일)	20십억원
외국인 지분율	6.05%
주요주주 지분율	
김보균 외 10인	27.74%

주가상승률	1M	3M	6M
절대주가(%)	7.6	79.5	26.2
상대주가(%p)	9.9	68.2	26.5

* K-IFRS 연결 기준

(단위: 원)	EPS(24F)	EPS(25F)	T/P
Before	N/A	N/A	
After	1,386	1,785	40,000
Consensus	N/A	1,193	36,000
Cons. 차이	N/A	49.6%	11.1%

최근 12개월 주가수익률

자료: WiseFn, 현대차증권

투자포인트 및 결론
- 동사는 Display 식각 기술을 보유한 화학 업체로 현재는 반도체, 전자, 건강, 유통 등 다양한 분야에서의 포트폴리오를 보유하고 있음
- 특히 향후 성장이 기대되는 반도체 분야에서는 PGMEA 소재를 개발하여 올해부터 매출을 확대할 것이고, **Display Glass Thinning에서의 식각 기술 및 경험을 통해 향후 Glass 기판 Value-Chain 내에서 중요한 Player로서 역할을 할 것**

주요이슈 및 실적전망
- Glass 기판 Supply-Chain 내에서 동사는 TGV 공정에 대한 Full Value-Chain을 구축하여 가공된 Glass를 고객사에게 납품하려는 계획을 갖고 있음. 글로벌 TGV 장비사와의 협력을 통해 Laser 가공 후, 동사의 핵심 경쟁력인 식각을 통해 Hole을 형성하고, 여기에 Cu 도금은 외주 업체를 통해 진행한 후 CMP 공정까지 완성하여 TGV Glass에 대한 경쟁력을 확보
- 특히 Glass Etching과 관련된 동사의 기술력으로 업체 내에서도 선두지위를 구축할 수 있을 것으로 판단됨. 현재 GCS에 적용될 Glass보다 대형 면적 내에서의 오랜 Etching 경험이 있고, 이는 TGV 내에 방향성이 유력한 Laser+Wet Etching에서 타 경쟁업체 대비 분명한 경쟁력을 갖고 있는 부분
- 2025년은 매출액은 6,720억원, 영업이익은 430억원을 예상하여 전년 대비 소폭의 성장일 것이나, 2026년부터 전장과 반도체 소재의 매출 확대로 인해 영업이익은 YoY +39% 증가한 600억원을 예상. Glass 관련 매출은 고객사의 양산스케줄에 따라 변동될 수 있으나, 내년부터는 Pilot 라인을 통해 일부 Sample 매출이 발생할 것으로 예상되고, Mass Production 발생까지는 2-3년의 시간이 소요될 것으로 판단됨

주가전망 및 Valuation
- Glass Value-Chain 내 Player인데도 불구하고, 동사의 주가는 25년 P/E 13배 수준. 이는 향후 TGV Glass의 핵심 Supplier로서의 Multiple이 아직까지 제대로 반영되어 있지 않다고 보여짐. TGV Glass의 Full SCM을 구축한 공급사로서의 지위와 현재 기존 반도체 및 전자 쪽에서의 실적 성장성을 감안했을 때, 25F EPS 1,785원에 Target Multiple 22배를 곱한 40,000원으로 커버리지 개시

큰 하우스의 외국계 보고서는
일단 주목해야 한다

국내 증시에서 외국계 증권사 보고서의 영향력은 상당히 막강합니다. 국내 증권회사 대비 기업이나 투자자들의 눈치를 보지 않고 상당히 유연하게 투자의견을 변동하기 때문입니다.

실제로 외국계 증권회사들은 '애널리스트의 도덕적 이슈나 중대한 실수 또는 범죄에 연루된 경우 등을 제외하고 정당한 투자의견 개진에 따른 뒷감당은 모두 회사가 책임져준다'는 강력한 메시지를 애널리스트들에게 심어줍니다. 투자의견 제기에 따른 어떤 불이익도 회사가 함께 책임져준다는 점은 애널리스트로 하여금 그 어떤 눈치도 보지 않고 자유롭게 투자의견과 목표주가를 제시할 수 있는 환경을 만들어줍니다. 따라서 눈치 보지 않은 투자의견이라는 점에서 투자자들에게 상대적으로 신뢰감을 주기 때문인지 외국계 증권회사의 투자의견은 기업의 주가에 직접적으로 영향을 줍니다.

더불어 외국계 증권회사들의 경우 '컨빅션 리스트'*와 같은 단순한 매수 투자의견 이상의 매수 리포트들이 나오는 경우가 있습니다. 이 경우엔 외

> * **컨빅션 리스트:** Conviction List. 증권사나 투자기관이 강한 확신을 가지고 추천하는 종목들의 목록을 의미함. 이는 일반적인 추천 종목보다 더 높은 신뢰도와 투자 우선순위를 부여받은 종목들로 구성됨

국계 증권회사 애널리스트의 관점이 맞건 틀리건 상당 기간 그 리포트가 시장에 영향을 줄 수밖에 없습니다. 예를 들어 'Conviction(확신) BUY'의 경우 개별 애널리스트의 의견이지만 거기에 속한 House, 즉 발간한 증권회사가 전사적으로 그 애널리스트의 리포트를 지지하면서 리포트를 세일즈하게 됩니다(증권회사의 세일즈란 기관투자자들에게 해당 리포트의 내용을 강력하게 어필하며 투자 액션을 이끌어내는 행위라고 보면 됩니다). 지구상의 어느 지역에 위치한 투자자라도 그 증권회사의 리포트에 대한 내용에 대한 세일즈를 접하게 만듭니다.

실제로 미국에서 만났던 큰 펀드의 펀드매니저가 이런 말을 한 적이 있었습니다. "당신의 생각이 맞고 틀리고는 중요하지 않습니다. 나는 다음에 당신이 어떤 노이즈를 만들어낼지가 궁금해서 당신의 이야기를 듣고 있는 것입니다"

이렇듯 글로벌하게 큰 하우스의 리서치 리포트는 그 리포트의 내용의 정확도 유무를 떠나서 시장을 움직이게 하는 힘이 있습니다. 따라서 나의 의견과 다르다고 해서 무시해선 안 되며, 일단 시장이 그 의견에 대해 면역력을 가질 때까지 지켜보는 것이 좋습니다. 특히 매수의견보다 매도의견일 경우에는 더 주의해야 합니다. 떨어지는 칼날에 굳이 손을 가져갈 필요는 없을 것입니다.

- 개인이라 정보가 없는 것이 아니라 정보에 접근하지 않는 것이다
- 사업보고서를 살피면 개인도 실적 추정이 가능해진다

CHAPTER 3

기업에서 발간한
사업보고서는
한 번은 꼭 정독하라

개인이라 정보가 없는 것이 아니라
정보에 접근하지 않는 것이다

많은 개인투자자들이 공통적으로 하는 말 중 하나가 "개인은 정보가 없다"입니다. 그런데 과연 그럴까요? 제 생각엔 이 말은 반만 맞고, 반은 틀립니다.

분기 중간에 갑작스럽게 이루어지는 실적 가이던스* 변경 정도를 제외하고는, 요즘 시대에는 사실상 기관투자자와 일반 투자자의 정보력 차이가 크게 다르지 않습니다. 특히나 최근에는 일반 투자자들도 각종 텔레그램 채널을 통해서 기관투자자들보다 더 빠르게 기업 탐방을 하거나 수출입 현황들의 업데이트된 정보를 손쉽게 접하고 있습니다.

즉 개인투자자라서 정보가 없는 것이 아닙니다. 개인투자자가 정보에 접근하지 않는 것입니다.

그중에서도 가장 좋은 정보는 사업보고서입니다. 분기보고서, 반기보고서, 사업보고서 등을 살피지 않고 투자한다는 것은 '묻지마 투자'입니다.

이 보고서들에는 기업이 하는 모든 행위에 대해 자세하게 적혀 있습니다. 매출의 구체적인 분류, 인건비 등 변동비는 얼마이며 시설투자에 따른 감가상각은 얼마인지 등이 모두 자세히 기록되어 있습니다. 또한 기업이 보유하고 있는 유가증권*의 종류와 가치, 각국의 통화별로 어느 정도의 노출이 되어 있는지 등도 자세히 알 수 있습니다.

* **실적 가이던스:** 기업이 투자자와 시장에 제공하는 향후 실적에 대한 자체적인 전망치. 이는 매출액, 영업이익, 당기순이익, 주당순이익(EPS) 등 주요 재무 지표에 대한 예측을 포함하며, 기업의 경영진이 사업 계획과 시장 전망을 바탕으로 설정하기 마련임. 일반적으로 기업들은 매우 달성 가능성이 높은 보수적인 수치를 제시하기에 시장의 실제 예상치는 기업이 제시하는 가이던스를 실적 전망의 최하단으로 보는 경향이 있음

* **유가증권:** 금전적 가치가 있는 권리를 나타내는 법적 증서로, 이를 소유한 사람은 특정한 권리를 행사할 수 있으며, 자유롭게 양도할 수 있음. 이는 금융 시장에서 자금 조달과 투자 수단으로 널리 활용되며, 주식, 채권, 어음, 수표 등 다양한 형태로 존재함. 유가증권의 종류에는 지분증권, 채무증권, 수익증권, 화폐증권 등이 있음

사업보고서를 살피면
개인도 실적 추정이 가능해진다

실제로 애널리스트들이 해당 기업에 대한 실적 전망치를 작성할 때 사업보고서의 내용을 많이 참조합니다. 이를 통해서 회사의 주력 제품에 대한 매출액 전망치를 작성할 수 있습니다. 매출액이란 '판매 수량'과 '판매 가격'을 곱한 것입니다. 실적 발표에서 전달하는 가이던스를 고려해 수량과 가격을 추정하면 그것이 바로 매출입니다. 이러한 계산을 통해 누구라도 애널리스트 못지않은 실적 추정이 가능해집니다.

요즘처럼 다양한 정보를 접하는 시대에는 투자자 스스로 이런 일련의 행위들이 가능해지며, 제품의 가격 변동을 반영해 매출액 변동치를 구할 수 있습니다. 거기에 더해 사업보고서에 나와 있는 변동비*와 고정비*의 세부 사항을 분류해서 추정하면 영업이익을 구할 수 있게 됩니다.

> * **변동비:** 기업의 생산량이나 판매량의 변화에 따라 직접적으로 증감하는 비용을 의미함. 즉 제품을 더 많이 생산하거나 판매할수록 증가하고, 생산이나 판매가 줄어들면 감소하는 비용임. 원재료비, 직접 인건비, 포장비 및 운송비, 판매수수료 등이 변동비에 포함됨

> * **고정비:** 기업이 생산량이나 판매량의 변화와 관계없이 일정하게 발생하는 비용을 의미함. 즉 제품을 생산하거나 판매하지 않아도 지속적으로 지출되는 비용임. 임대료, 감가상각비, 정규직 직원의 급여, 보험료, 이자 비용 등이 고정비에 포함됨

물론 복잡한 과정을 단순하게 명시하긴 했지만, 여기서 말하고 싶은 내용은 '회사에서 발간한 사업보고서 내용을 한 번 이상은 정독할 필요가 있다'는 것입니다. 그렇게 되면 애널리스트가 발간하는 리포트가 나올 때까지 기다리지 않아도 어떤 새로운 뉴스를 접했을 때 그 뉴스가 해당 기업에 미치는 영향이 어느 정도인지 스스로 확인할 수 있다는 점을 말하고 싶습니다.

- https://kind.krx.co.kr : 한국거래소 전자공시 홈페이지
- https://dart.fss.or.kr : 금융감독원 전자공시 홈페이지
- https://www.etfcheck.co.kr : 코스콤 ETF Check